Zauber der Mythen

Herausgegeben von Theodor Seifert

Die Buchreihe „Zauber der Mythen" will mit der Darstellung einzelner Mythen durch verschiedene Autoren den Zugang zu einem in jedem Menschen vorhandenen Fundament von Lebenskraft und Lebensmöglichkeit vermitteln, ein Wiedererinnern ermöglichen.

Die einzelnen Bände zeigen, wie genau die alten Geschichten mit ihren Göttinnen und Göttern, Helden, Schicksalsverläufen und ewigen Gesetzen Lebensfragen darstellen und menschliche Probleme abbilden, die uns noch genauso vertraut sind wie unseren Vorfahren.

Die Geschichten sind faszinierend und ergreifend. Wir begegnen uns selbst in ihnen, schauen und erleben die Kraft und Weite unserer Seele, ihrer bislang nicht ausgeloteten Möglichkeiten. Wir spüren, was wir uns vorenthalten haben, wenn wir diese ewigen Themen unserer Existenz vernachlässigen. Ihnen zu begegnen ist dem Erleben vergleichbar, in dem sich die Bedeutung eines großen Traumes zum ersten Mal erschließt. Die Mythen spiegeln unser Leben und vermitteln die Gewißheit, daß es sinnvoll gelebt werden kann.

Elisabeth Hämmerling

Mondgöttin Inanna

Ein weiblicher Weg zur Ganzheit

Kreuz Verlag

CIP-Titelaufnahme der Deutschen Bibliothek

Hämmerling, Elisabeth:
Mondgöttin Inanna : ein weiblicher Weg zur Ganzheit /
Elisabeth Hämmerling. – 1. Aufl. – Zürich : Kreuz-Verl., 1990
(Zauber der Mythen)
ISBN 3-268-00096-7

1. Auflage
© Kreuz Verlag AG Zürich 1990
Umschlagfoto: Manfred P. Kage
ISBN 3 268 00096 7

Inhalt

Vorwort

In den letzten Jahrzehnten, als „die Männer" in Ost und West die Mondlandungen vorbereiteten und sich „ihren Mond" eroberten, haben „die Frauen" ihrerseits den Mond wiederentdeckt. Als sie begannen, weibliche Welt- und Selbsterfahrung, weibliches Denken und Empfinden, weibliche Kreativität und Religiosität immer entschiedener von der männlichen Prägung zu unterscheiden und sich der weiblichen Werte bewußt zu werden, unternahmen auch die Frauen ihre Mondforschungen. Sie untersuchten die Rhythmen des Mondes im Verhältnis zu den körperlichen und seelischen Rhythmen der Frau und zu ihrer Sexualität; die Mond-Beziehungen in der Natur; die „vorpatriarchalischen" Mondkulte und -mythen; die Thea-logie der alten Mondgöttin. Bücher wie Esther Hardings „Frauenmysterien – einst und jetzt" (von 1935, jetzt neu aufgelegt!) oder „Mond, Mond" von Anne Kent Rush, auch die „Mond-Magie" von Luisa Francia oder der Titel „Bruchstücke einer Mondin" von Petra Künkel und viele andere bezeugen, daß das Interesse am Mond neu erwacht ist: Sie, die Mondin, leuchtet den Frauen wieder – und mit ihr eine neue weibliche Weisheit.

Eine weibliche Weisheit, die nicht nur den Frauen, sondern auch der Seele des Mannes gegeben ist: Der Psychoanalytiker Erich Neumann begegnete dem Mond als einer wandelnden und den Geist weckenden

Kraft des matriarchalen Bewußtseins; die Maler Paul Klee, Marc Chagall, Max Ernst und andere malten Mond-Bilder, und sogar ein künstlerisch und mystisch unverdächtiger Ingenieur wie Jim Irwin von der Apollo-15-Besatzung fühlte sich nach seinen Worten in eine geistige, spirituelle Erfahrung „verwickelt", als er auf dem Mond dem Mond begegnete – ganz gegen den Strich, denn er war nur dafür trainiert worden, „über die richtigen Dinge zu berichten, die wir sahen, und die richtigen Steine zurückzubringen". Es scheint, als ginge beides Hand in Hand: das wissenschaftliche und forschende Interesse mit einer neuen Zärtlichkeit für das Lichtwunder der Nacht.

Die Nacht zum Mond-Tag, dem 21. Juli 1969, haben wir staunend und ergriffen vor dem Fernsehgerät verbracht, um Zeuge zu sein, wie zum ersten Mal eines Menschen Fuß den Mond betrat. Gleich am nächsten Morgen habe ich ein kleines Buch mit Mondgedichten und reizvollen Fotos erstanden und die Widmung hineingeschrieben: „Für den betretenen Mond und für mich hier unten." Dies zum Zeichen, daß er mir nun erst recht als ein inneres Gegenüber bewußt und lieb war.

Wie vielen Menschen mag es ähnlich wie mir ergangen sein! Ihnen allen widme ich dies Buch, das von Inanna, der Göttin des Himmels und des Mondes, handelt: von ihrer Wirkung auf alle Prozesse des physischen und seelischen Lebens, von ihrem Zauber und ihrer Schönheit, von ihrer Fülle und ihrem furchteinflößenden „Auge des Todes".

Mein Weg zu Inanna, der sumerischen Himmels- und Mondgöttin

Schon lange bewegte mich die Frage, warum unsere Kultur eigentlich so wenige göttliche Frauen, heilige Repräsentantinnen des Weiblichen hervorgebracht hat, die uns auch heute noch etwas bedeuten können. Auch für den Mond – im Deutschen männlichen Geschlechts – konnte ich mich nicht so recht erwärmen, obwohl mir seine Verbindung zum Weiblichen bewußt war. Es fehlte mir eine „große Geschichte", deren Bilder und deren Lebens-Lauf das große Weibliche hätten spiegeln können in all seinen Fähigkeiten und all seinen Phasen: vom Mädchen zur jungen Frau, zur reifen, alternden und alten weisen Frau; als die Selbstbewußte, die auf ihren eigenen Füßen steht, als die hingebungsvoll Liebende, als die Wilde wie die Mütterliche, die Schöpferische wie die Dienende. Diese Göttin sollte nicht nur mit der Erde als dem Großen Mütterlichen zu tun haben, sondern auch mit dem Himmel als der Sphäre des Bewußtseins und des Geistes; mit Intimität wie mit Öffentlichkeit.

In einer Frauengruppe, in der es um diese Thematik ging, unternahmen wir einmal eine Imaginationsreise zum Mond, um herauszufinden, was er uns modernen Frauen im Zeitalter der Mondflüge eigentlich noch bedeutet. Große Erwartungen hatte ich eigentlich nicht, um so mehr erstaunte mich das Ergebnis. Alle Frauen außer einer erlebten den Mond tief berührt in göttlichweiblicher Gestalt: Rita zum Beispiel sah über dem Meer von Zypern – wo Aphrodite zu Hause ist! – Wolken von Licht und Dunkelheit, die sich mischten, und mitten darin die hellen Arme – die Mondsichel-Arme – der Göttin. Birgit nahm einen schwarzweißen Schleier wahr, der zur Göttin gehörte, aber kein Gesicht. Helga erlebte Unruhe, Wechselhaftigkeit, Bewegung, Ute „ein tanzendes Schwingen mit vielen jungen Gesichtern". Ina schenkte der Mondgöttin ein Stück ihres eigenen schwarzen Schleiers. Sie ergänzte, der Vollmond habe ihr in einer Nacht der Verzweiflung, als ihr Liebhaber sie allein gelassen hatte, den Rest gegeben – fast hätte sie sich selbst das Leben genommen. Ähnlich äußerte sich Sabine, die gerade an ihrer Promotionsarbeit saß und alles andere als mythische Mondbilder im Kopf hatte. Als wir uns vorher in das Thema Mond einstimmten, meinte sie, der Mond könne auch ein „kalter Teufel" sein. Nach ihrer Imagination war sie tief berührt von ihrem Monderlebnis. Sie sah die Sonne – den Sohn – gebettet in den Schoß des Mondes, einer jungen, schönen Göttin. Dabei hörte sie die Hymne: „Gegrüßet seist du, Maria". Sabine stammt aus streng katholischem Elternhaus. Von Maria hatte sie schon lange nichts mehr wissen wollen, denn die Jungfrau Maria war ihr immer in oberflächlich moralisierender Form als weibliches Vorbild hingestellt worden: als eine sexuell und emotional enthaltsame, freudlose, unterwürfige Frau ohne eigenes Profil. Die war einem „kalten Teufel" ähnlich, aber nicht der Gottesmutter, und ließ sie deshalb auch innerlich kalt. In ihrer Vision aber sah Sabine eine neue, wahrhaft kosmische Maria, die sie wirklich verehren konnte. Sie nannte ihr Erlebnis „eine Versöhnung mit Maria".

Was diese modernen und intellektuell geschulten

Frauen erlebten, ist erstaunlicherweise Mondmythologie. Eine jede sah einen Aspekt der Königin des Himmels, der uralten und immer jungen Göttin Mond. Da ist die Liebesgöttin mit den weißen Armen – den Armen der zunehmenden Sichel –, die über dem Meer, ihrem Element, aufsteigt und Licht und Dunkelheit umfaßt; da ist die Göttin der verschiedenen Phasen und Wandlungen, die ihr Gesicht einmal offenbart, das andere Mal verbirgt, da ist die junge tanzende Göttin, die den Mondreigen anführt und die Lebensfreude aller lebenden Kreatur ausdrückt; da ist der Dunkelmond als die Schwarze Frau mit dem „Auge des Todes", der wir in der Unterwelt der Schmerzen, der Verlassenheit und des Todes begegnen und die uns in ihren schwarzen Schleier hüllt; und schließlich die göttliche Mutter des Lichtes und des Lebens, die wahrhaft heilige Jungfrau, die eins ist mit sich selbst und deshalb das Göttliche empfangen kann, um neues Leben und Bewußtsein zu gebären: ihren Sonnensohn. Diese Gottesmutter lebt in der christlichen Kunst weiter in der Gestalt der Mondsichel-Madonna.

Eine solche Göttin, die alle Mondphasen lebt und so die weibliche Ganzheit repräsentiert, suchte ich: als ein Urbild, das auch mir hilft, die jeder Lebensphase eigenen weiblichen Energien zu erkennen, zu verstehen und so gut wie möglich zu verwirklichen. Es war schwer, sie zu finden, denn in den überlieferten Mythen unseres Kulturkreises sind die Mondgöttinnen immer nur für Teilaspekte des Mondes und damit des Weiblichen zuständig. Entweder ergänzen sie männliche Götter oder verwalten nur fest umgrenzte Aufgabengebiete wie etwa den Eros, die eheliche Ordnung, die freie Wildnis, die Fruchtbarkeit der Felder oder das Land der Toten. So erscheint in den griechischen Mythen zum Beispiel die Mondgöttin als Jungfrau Artemis, die Herrin der Wildnis; der Vollmond als Göttin Selene, die in der Liebe die aktive Rolle spielt, indem sie ihren Geliebten mit ihrem Lichtmantel umhüllt (sprichwörtlich „einwickelt"). Für den Dunkelmond steht Persephone, die Tochter der Korn-Mutter Demeter, die von Hades geraubt und in die Unterwelt entführt wird, wo sie als seine Gemahlin einen Teil des Jahres herrscht – von Hades' Gnaden; oder die dunkle Hekate, die gefürchtete Verwandlungskünstlerin und Zauberin der Nacht, die die Knotenpunkte des Schicksals und die Todesschwelle bewacht. Sie alle verkörpern Teilaspekte des Weiblichen, nicht aber seine Ganzheit. Wie beim Figurenumlauf eines Glockenspiels erscheinen sie auf der sichtbaren Plattform, wenn „ihre Stunde geschlagen hat", und verschwinden dann wieder.

Die vollständige Mondgöttin habe ich in der sumerischen Göttin Inanna gefunden, der „Heiligen Priesterin des Himmels"[1]. Sie erfüllt jede Phase, den ganzen Zyklus des mondhaft Weiblichen, und schöpft darin alle ihre Möglichkeiten aus, selbständig und unerschrocken. Damit offenbart sie viele Ausdrucksformen des Weiblichen und heiligt sie. So hat sie differenzierte Beziehungen zum Männlichen: zu ihren „Brüdern", den männlichen Göttern oder Heroen ihrer Generation; zu den „Vätern", die sie teils hemmen und kleinmachen, teils ihr Wachstum weise unterstützen; und zu ihrem Geliebten und Gemahl, den sie mit „dem Auge des Lebens" ansieht, wenn die Zeit der Liebe ist, den sie aber ebenso leidenschaftlich mit „dem Auge des Todes" treffen kann, wenn er sie beleidigt. Wie zum Männlichen, so tritt sie auch zu ihren „Schwestern" in einen differenzierten Kontakt, so daß diese Inannas Wesen ergänzen. Dies volle Leben unterscheidet sie von allen

Mondgöttinnen, die ich kenne. Als „Königin des Himmels und der Erde" ist sie für alle Lebensbereiche zuständig; für das leibhafte Wohl und Wachstum wie für das empfängliche Gemüt; für das Horchen auf die Stimmen aus der Verbannung, dem „Großen Unten", wie für weibliche Weisheit und schöpferische Intelligenz.

Inanna wurde in Sumer, der alten Stadtkultur im Zweistromland – dem heutigen südlichen Irak –, verehrt. Je mehr sumerische Zeugnisse ans Tageslicht kommen, desto mehr staunt man, wie nah sumerische Lebensform und Lebensphilosophie mit unserer Kultur verwandt ist. Nur selten empfindet man den „garstigen Graben" der Jahrtausende, die uns von den Sumerern trennen. (Wie fremd erscheint uns Heutigen dagegen oft die Symbolsprache und Esoterik des alten Ägypten!) Hauptsächlich über zwei Stränge reichen unsere kulturellen Wurzeln ins Sumerische zurück: über das alte Griechenland und Persien sowie über Israel und Babylon. Inannas mythische Geschichte wurde in Keilschrift auf Tontafeln aufgezeichnet, und zwar im 17. vorchristlichen Jahrhundert in Nippur, dem ehemaligen geistigen Zentrum Sumers. Dort wurden die Tontafeln im letzten Jahrhundert ausgegraben. Es war eine lange Geschichte der Bergung und wissenschaftlichen Identifizierung der Texte, bis sie in einen folgerichtigen Zusammenhang gebracht und übersetzt werden konnten. Fast hundert Jahre lang dauerte der Prozeß, diese Texte der Öffentlichkeit als Ganzes zugänglich zu machen. Daran waren der amerikanische Sumerologe Samuel Noah Kramer und seine Kollegin Diane Wolkstein entscheidend beteiligt. Beide wußten es zu würdigen, welche Kostbarkeit ihnen da in die Hände gelegt war.[2]

Ich erzähle den Zyklus der Göttin Inanna in folgenden Schritten:

- die junge Mondsichel: Inannas Überleben durch schöpferische Intelligenz;
- der zunehmende Mond: Inanna wird sich ihrer selbst bewußt – Krönung und sexuelles Erwachen;
- Inannas Mondboot füllt sich mit Geistesgaben: ihre Begegnung mit Enki, dem Vater der Wassertiefe und Weisheit;
- der Vollmond: die Fülle in der Hingabe – Inannas Liebesbegegnung mit Dumuzi;
- der abnehmende und der Dunkelmond: Inannas Abstieg zu ihrer Schattenschwester Ereschkigal in die Unterwelt;
- von der Unterwelt gezeichnet: das freiwillige Annehmen des „kleinen Todes" oder das unfreiwillige Opfer (Dumuzi).

Inannas Weg und ihre Wandlungen werden uns immer wieder als Spiegel eigenen Erlebens dienen und uns zeigen, wie sich das Mondhafte in der Seele des Mannes und im Erleben der Frau ausdrückt und auswirkt.

Die junge Mondsichel
Inannas Überleben durch schöpferische Intelligenz

> Wo aber Gefahr ist, wächst
> das Rettende auch.
>
> *Friedrich Hölderlin*

In den ersten Tagen der Welt, als deren Schicksal von den Himmelsvätern – dem Himmelsgott An und dem Luftgott Enlil – beschlossen wurde, erhielt Ereschkigal das „Große Unten" zugeteilt. Der dritte der Vater-Götter, der Gott der Weisheit und der Gewässer, Enki, setzte Segel und fuhr in die Unterwelt, um dort Ereschkigal zu besuchen, die ihm Eruptionen und Dämonen entgegenschickte. Nach ihrer Begegnung wuchs ein einziger Baum, der HULUPPU-Baum, an den Ufern des Euphrat. Er mußte erdulden, daß Wind und Wasser an ihm rissen und ihn entwurzelten.

Da wanderte Inanna umher,
In Furcht vor dem Wort des Himmelsgottes,
In Furcht vor dem Wort des Luftgottes.
Sie zog den Baum aus den Fluten und sprach:
Ich will diesen Baum nach Uruk bringen.
Ich will diesen Baum in meinen heiligen Garten
*   pflanzen.*
Inanna pflegte den Baum mit eigener Hand,
Sie festigte die Erde um den Baum mit ihrem Fuß.
Sie fragte sich: Wie lange wird es dauern,
Bis ich einen glänzenden Thron habe,
*   darauf zu sitzen,*
Ein glänzendes Bett, darin zu liegen?

Als der Baum erstarkt war, besetzten ihn drei Bewohner: eine Schlange, „die niemand zähmen konnte", bewohnte die Wurzel; der Anzu-Vogel atzte seine Jungen in der Krone, und das „dunkle Weib Lilith" richtete sich in seinem Stamm ein. Inanna weinte verzweifelt und suchte gegen diese Wesen Hilfe bei ihrem Sonnen-Bruder Utu, der aber ablehnte. Hilfe kam von Gilgamesch, dem Sohn Enkis, der gerüstet und mit der Axt bewaffnet Inannas Garten betrat, den Vogel und Lilith verscheuchte und die Schlange tötete. Aus dem Baumstamm fertigte Gilgamesch Thron und Bett für seine „heilige Schwester". Aus Wurzel und Krone formte Inanna für ihren Bruder Gilgamesch zwei magische Geschenke: PUKKU und MIKKU.

Der sumerische Mythenerzähler führt uns ein in die Welt der Anfänge. In jener Zeit erhielt die Welt ihre Gestalt, und ihre Gestalter nahmen sie in Besitz. Der Himmel – und damit das höhere Bewußtsein – wird vom Himmelsgott An ergriffen, das Luftreich – damit zugleich das überlegene Denken – von Enlil. Ihrer Schwester Ereschkigal teilen sie die Unterwelt, das „Große Unten", zu – die Göttin darf nicht selbst wählen. Wer würde sich auch schon freiwillig im Abseits einquartieren, um über das finstere, undurchdringliche Reich des Todes, der Einsamkeit und Verzweiflung zu herrschen und Staub zu essen? Wie auch später Inanna ist Ereschkigal vom „Wort" der oberen Götter abhängig: Ihre eigene „Sprache" ist noch wortlos, es ist die Sprache der urtümlichen Triebe und ungezähmten Affekte, die aus dem Bewußtsein des „Großen Oben" in das Abseits des „Großen Unten" verbannt und verdrängt werden, wo man sich mit ihnen nicht mehr auseinandersetzen muß.

Der dritte der Vater-Götter, Enki, Herr der Weisheit

und der Wassertiefe, bringt eine neue, belebende Bewegung in die säuberlich getrennten Bereiche, denn ihm gehören die Gewässer des Himmels und der Erde, die alles zu durchdringen vermögen. Er ist damit zugleich der Gott der Emotionen, der Gefühlswelt, die die Menschen trägt, sie belebt und untereinander verbindet. Enki fährt in seinem Boot hinunter zur Herrin des Unten. Nun bedeutet das sumerische Wort „Wasser" zugleich „Samen" und weist uns darauf hin, was er im Sinn hatte: der Unterweltsherrin beizuwohnen und sie zu befruchten. Ereschkigal rast vor Zorn, schleudert Steine und versucht, den Freier abzuwehren. Sie verkörpert eine elementare, ungezügelte, „unzivilisierte" Energie, die Macht des noch nicht bewußt erkannten und gelenkten Triebes von sexueller Gier und Macht. Sie erkennt nicht das Gegenüber im Männlichen und kann also auch nicht in eine Beziehung zu ihm treten.

In den ersten Lebenswochen, in denen es ums nackte Überleben geht, haben Säuglinge etwas von Ereschkigal: Wenn Mütter sehr überlastet sind, erleben sie oft diese Qualität des kleinen fressenden Monsters – natürlich mit schlechtem Gewissen über solche „unmütterlichen" Gefühle.

Diese elementare Welt löst Furcht aus, deshalb wird sie so gern verborgen und – wie Ereschkigal von den „hohen" Göttern – ins Unsichtbare verbannt. Furcht und Hilflosigkeit werden vor allem deshalb ausgelöst, weil in diesem elementaren Reich des Unten, des Bauches, der Macht und Gier die Sprache fehlt, um sich auszudrücken und zu verständigen. Ereschkigals Form des Kontaktes ist der körperliche Kampf mit physischen Mitteln: Wie bei einer Vulkaneruption läßt sie Steine fliegen und das Meer kochen. Ebenso elementar und direkt, ohne auf die Beziehung zu achten, äußert sie ihre Wünsche: „Entweder gehörst du ganz mir, oder ich vernichte dich."

Dieser Ereschkigal, der verborgenen „älteren Schwester" Inannas, begegnen wir hier zum ersten Mal und lernen etwas von ihrem Wesen kennen. Ihre rohe, selbstbezogene Energie macht sie einsam da unten in ihrem dunklen Reich, wohin noch kein liebendes Wesen, kein Geist und kein Licht gedrungen sind, nichts, das mit ihr in Beziehung hätte treten können. Nur Enki, der weise Gott des fruchtbaren Wassers, kann zu ihr vordringen, denn er ist flüssig, beweglich und anpassungsfähig, andererseits auch elementar und archaisch wie sie. Die Urwasser und die Unterwelt berühren einander: So trennen auch im griechischen Mythos die Wasser der Styx die Lebenden und die Toten; und im germanischen und keltischen Glauben nimmt das Westmeer die Toten auf und führt sie der Insel der Seelen zu. Beide – die Wasser und die Unterwelt – sind unergründlich und daher gefährlich.

Wenn wir den Ort der Handlung in unsere Seele verlegen, so betritt mit Enki die Suche nach Beziehung diese Welt verschlingender Gier. Durch diese erste rudimentäre Begegnung zeigt er, daß ein Mensch nur dann die Welt der Instinkte und Urenergien kennenlernen und zähmen kann, wenn er ihr zu begegnen und sich mit ihr emotional zu konfrontieren wagt – nicht aber durch Geringschätzung und Verachtung, die diese Energien nur verstärken und schließlich zur Welt des „Bösen" erklären und zu vernichten trachten. Die christliche Ideologie mit ihrer falsch verstandenen Askese und Verachtung der „Fleischeslust" hat Ereschkigal als „des Teufels Großmutter" ins Abseits verbannt und verteufelt, diese elementare Welt aber keineswegs bewältigt oder besiegt, sondern durch immer mehr

Verdrängung wurde diese Triebwelt immer eruptiver und schließlich wirklich „böse" und entlud sich in kollektiven Ausbrüchen des Hasses. (Ich denke dabei an Ausbrüche von Rassismus und die Hexenverfolgungen.)

Enki als ein Ur-Schamane bereitet den Weg für Inanna und für die menschlichen Unterweltfahrer, die Wahrheitssucher und Visionäre und ist ihr Vorgänger. Die Attacken der Unholde, die Ereschkigal ihm entgegenschickt, bringen ihn nicht von seinem Ziel ab. Das Ziel ist, in eine archaische, vormenschliche Welt einzudringen, sie kennenzulernen und einen ersten emotionalen Kontakt, eine noch rohe Art sexueller Liebe zu ihr zu versuchen. Enki ist ein Gott der Weisheit, der Wasser-Weisheit, deren Weg nicht zuerst in die lichten, reinen Höhen des Himmelsgottes führt, sondern in die abgekehrte Welt der Instinkte und des Schattenhaften, zur gefürchteten „schmutzigen" Ereschkigal. Hier unten ist die Himmelsleiter geerdet, hier beginnt die wirkliche Suche nach Weisheit – wenn wir Enki glauben. Wir werden seine faszinierende Gestalt noch näher kennenlernen, wenn Inanna ihn besucht.

Noch bevor Inannas eigene Geschichte beginnt, setzt der Mythos diese erste Begegnung voraus – ja, sie ist die Bedingung dafür, daß Inanna ihren Weg finden kann. Enki erweist sich schon hier zwar nicht als ihr „leiblicher", aber als ihr geistiger Vater. Diese erste Paarung der weiblichen und männlichen Urenergie, die Ereschkigals und Enkis, bringt eine erste Frucht hervor: die grüne Pflanze, den Baum an den Ufern des Euphrat.

Zu welcher Gattung mag dieser HULUPPU-Baum gehören? Zunächst verkörpert er den Ur- und Lebensbaum, wie er uns in vielen Mythen begegnet. Er ist ein Schicksalsbaum und mit dem menschlichen Wachsen und Werden eng verbunden. Der HULUPPU-Baum wurzelt in der Tiefe – bei Ereschkigal; er wächst wie der Mensch, blüht, reift und altert wie er, und seine Jahresringe sind sichtbare Zeit und Geschichte. Ihn nähren die Säfte, die in seinem Stamm aufsteigen, und der Regen führt ihm neue Lebenskraft zu – es ist Enkis Wasser. So zeigt sich der HULUPPU-Baum als erste Frucht der Paarung männlicher und weiblicher Urenergien. Das drückten die Sumerer anschaulich in ihrem Schriftzeichen für „Pflanze" aus: ⊞

Das Symbol zeigt ein Gewebe einander kreuzender Fäden, vier waagerechte und vier senkrechte, weibli-che und männliche Linien. Noch heute sprechen wir von „Kreuzung", wenn wir in der Tier- und Pflanzen-zucht Männliches und Weibliches zusammenbringen. Doch wer käme darauf, daß dies „Kreuzen" etwas mit dem Weben eines Stoffes zu tun haben könnte? Es hat viel miteinander zu tun! Und ich schweife noch nicht einmal vom Thema ab, wenn ich davon spreche, denn beides, das „Kreuzen" und das „Weben", gehört zur uralten Mondmythologie! Die Frauen der Frühzeit spannen und webten, flochten, knoteten und knüpften, sie „wirkten" Matten und Stoffe, um den Menschen vor der Kälte zu schützen und seinen Leib zu umhüllen. Dies galt als eine geheiligte Tätigkeit. Wie die Frauen, so waren auch die Große Göttin Natur und die Mondin Weberinnen und Wirkerinnen der Geschicke am „Web-stuhl der Zeit". Sie kreuzten, verflochten und ver-knüpften Lebendiges, und die drei Schicksals-Feen, die Nornen, spannen die Fäden dazu. So entstand „Wirk-lichkeit". Unsere Sprache erinnert uns bis heute an diese Zusammenhänge: „Stoff" ist Grundstoff und Klei-derstoff; „Gewebe" finden wir im Blatt der Pflanze und im Körper von Mensch und Tier, doch ebenso in der Stoffabteilung. Und ein letztes: Die alten heiligen Tätigkeiten der Frauen werden bis heute im übertragenen geistigen Sinn gebraucht und weisen so noch einmal auf die Große Göttin hin: Verflechtung, Knotenpunkt, Verknüpfung (oder Vernetzung) und Wirkung – doch auch Gedankengespinst und Versponnenheit (wenn die nötige Klarheit fehlt).

Kehren wir zu Inanna zurück: Ihr Bild auf einem sumerischen Gefäß zeigt sie mit einem kunstvollen „Haargeflecht", vier mächtigen geflochtenen Zöpfen (vgl. Abb. S. 22). Im Zopf ist die Mondzahl Drei verflochten, und in vier Zöpfen sind zwölf Haarsträhne miteinander verbunden! Es mag Zufall sein – aber ein sinnvoller.

Auf diesem Bild trägt Inanna die Zweige einer Dattelpalme mit Früchten in ihrer Rechten, und viele weitere Reliefs zeigen sie mit diesem widerstandsfähigen, ökonomisch so wichtigen Palmbaum. Ob dieser sich im HULUPPU-Baum verbirgt? Die Dattelpalme gehört jedenfalls zu Inanna, und sie bewacht die Speicher für die Dattelernte. So ist es nur folgerichtig, wenn sie beide gemeinsam ihren Weg beginnen: der junge Baum, der den heftigen Fluten und Winden ausgeliefert ist, und die zarte Mondsichel, die angreifbar und gefährdet ist von unten und von oben. Vor allem aber von den Übermächten der oberen Welt, denn Inanna fürchtet das „Wort" des Himmelsgottes An und des allgegenwärtigen Luftgottes.

Der Mythos erzählt realistisch, wie alles Junge und Neue auf der Welt in Gefahr ist, wieder ausgerissen zu werden wie der junge Baum, von einem Machtwort vernichtet zu werden wie Inanna. Deshalb braucht alles Neue sehr viel Energie, um sich am Leben zu erhalten

Inanna mit Dattelpalmenzweig.

Fragment eines Gefäßes. Mesopotamien, ca. 2400 v. Chr., Basalt, Staatl. Museen zu Berlin, DDR. Vorderasiatisches Museum.
Eine thronende breitschultrige Göttin blickt den Betrachter huldvoll lächelnd an. Ihre Krone zeigt zwei Hörner in Gestalt des zunehmenden und abnehmenden Mondes, Federn oder Zweige und noch einmal die liegende Mondschale, das Mondboot. Die Göttin trägt üppige Haarflechten, ihre vier Zöpfe enden in spiralförmigen Locken. Ihre Rechte hält Dattelpalmenzweige. An beiden Seiten ihres Kopfes erkennt man je drei Gebilde, die an Stengel mit einer Knospe oder an Phalli erinnern. Diese Attribute bezeugen, daß die sprießende Vegetation und die Schöpfungswonne zu Inannas Wirkungsbereich gehören. Die Dattelpalme ist ihr besonderes Emblem, denn die Göttin gilt als Beschützerin der Vorratshäuser für die Dat. Ernte.

und durchzusetzen, um schließlich seinen festen Platz zu finden und seine Eigenart entwickeln zu können.

Was für ein „Wort" der Himmelsväter könnte das sein, das Inanna so fürchtet? An und Enlil gelten in Sumer als die großen Gesetzgeber, die Himmel und Erde ordnen. Ihr Wort kann niemals zurückgenommen werden. Ist es einmal ausgesprochen, so erfüllt sich das Schicksal desjenigen Wesens, dem es gilt, das „Wort geschieht". Inanna aber hat noch keinen festen Platz, keinen eigenen Weg und fürchtet so mit Recht ein Schicksalswort, das sie unwiderruflich festlegen, ihre freie Wahl und eigene Entfaltung einengen würde (wie Ereschkigals Schicksal zeigt).

Damit fürchtet sich Inanna vielleicht vor dem traditionellen Frauenschicksal: Menschen weiblichen Geschlechts bringen oft ihre Rolle, die sie später zu spielen haben, schon mit auf die Welt. Bis heute ist mir wiederholt aufgefallen, daß kleine Jungen gefragt werden, was sie einmal werden wollen, kleine Mädchen nicht. Deshalb ist es so wichtig, daß Eltern ihre eigenen Erwartungen an die Kinder genau kennen und immer wieder prüfen – um nicht vorschnell „das Wort der Himmelsväter" über die „junge Sichel" zu sprechen und sie von ihrem individuellen Weg abzubringen, ehe sie ihn überhaupt versuchen konnte.

Im Mythos ist „die junge Sichel" eine Göttin, die weiß, was sie will, und selber die Initiative ergreift: Sie zieht den HULUPPU-Baum, ihren Leidensgefährten, aus dem Wasser, trägt ihn in ihren Garten, pflanzt ihn ein und pflegt ihn sorgfältig. Indem sie ihn umsorgt, sorgt sie zugleich für sich selbst: Sie hat das Holz des Baumes dazu bestimmt, später als Thron und Bett zu dienen und ihr so einen Platz in der Welt zu sichern. Hier zeigt Inanna eine erste Qualität: ihre selbständige schöpferische Intelligenz. Wie eine Architektin hat sie ihr Leben bereits entworfen und beginnt, diesen Entwurf in die Tat umzusetzen. Mit dem Baum zieht sie sich das Holz für Thron und Bett; auf dem Thron wird sie herrschen, im Bett wird sie ruhen – und ihren Liebhaber empfangen. Durch ihre Herrschaft und ihre Liebe wird sie ihr Volk mit Lebenskraft beschenken und es fruchtbar machen. Sie wartet nicht auf das „Wort" der Väter, sondern richtet sich ihr Leben selbst ein: ein weibliches Leben mit selbständigen weiblichen Ideen.

Die junge Sichel der Mondin am Himmel beginnt zu wachsen und sich durchzusetzen, zart, klar und scharf umrissen. Sie ist gefährdet und doch stark. Auch die Zeitspanne, die die zarte Sichel am Himmel verweilt, ist noch kurz: Wenn sie im Westen in der Nähe der untergehenden Sonne drei Tage nach Neumond sichtbar wird, ist der Bogen ihrer Wanderung noch sehr klein. Er wird jedoch von Nacht zu Nacht größer, die Mondin erobert sich den Nachthimmel, und ihr Licht nimmt zu. (Im Winter steht sie höher am Himmel, im Sommer niedriger.)

Diese schöpferische Intelligenz des Anfangs, die sich gegen die Übermacht der Stärkeren und Älteren durchsetzt, finden wir nicht nur bei Kindern, sondern immer dann, wenn es um das Anfangen geht, zum Beispiel am Anfang eines neuen Lebensabschnittes, nach einem Berufs- oder Ortswechsel. Von den Säuglingen können wir lernen, wie trickreich sie ihre kleine Person zur Geltung bringen und die ganze Umgebung auf Trab bringen, um selber am Leben zu bleiben. Dasselbe können wir auch an uns selbst erleben, wenn wir etwas Neues beginnen und uns den Kräften des Anfangs anvertrauen. Oft handeln wir dann mit erfinderischer Intelligenz, guter Intuition und Zielstrebigkeit, um nicht unterzugehen. Vielleicht rufen wir dann die richtigen Menschen an, die uns weiterhelfen können, oder wir vermögen aus nichts etwas hervorzuzaubern, worauf wir sonst nie gekommen wären. Wir sind aufmerksam und wach für alles Neue und die Chancen, die wir wittern. „Wo aber Gefahr ist, wächst das Rettende auch" (aus Hölderlins „Patmos").

Inanna läßt ihr Rettendes wachsen, indem sie ihren Lebensbaum rettet und wachsen macht. Von Anbeginn gehören sie zusammen, die Mondgöttin und das Grün der Vegetation, des Baumes, des Gartens. Viele Gärtner wissen es, daß bei zunehmendem Mond gute Aussaat- und Pflanzzeit ist!

Doch ebenso wie der Baum wächst wiederum die Gefahr mit und fordert Inanna neue Kräfte ab. Ihr Lebensbaum wird besetzt von drei Untermietern, denen Inanna nicht gewachsen ist und die sie zur Verzweiflung bringen, weil sie kein Mittel der Rettung weiß. In den Wurzeln hat sich die „Schlange, die niemand zähmen kann" eingenistet, im Stamm die wilde, dunkle Lilith und in der Krone der unberechenbare Anzu-Vogel mit seiner Brut.

In der Schlange begegnet Inanna einem kalten, unnahbaren Urprinzip, einer unerbittlichen Macht aus der Erde und aus den Wurzeln, die sich nicht zähmen, nicht beeinflussen läßt. Inannas noch unreifes Ich-Bewußtsein kann es mit solch einer unpersönlichen Macht nicht aufnehmen, es ist noch zu schwach. Erst die reife Inanna wird zur „Mutter" dieser Erdschlange, zu Ereschkigal, vordringen und für diese Begegnung stark genug sein. Dennoch muß sich Inanna schon jetzt mit ihr auseinandersetzen, denn sie verkörpert − neben den Himmelsgöttern und deren Bewußtsein der überlegenen kulturellen Höhe und Geistigkeit – die Weisheit und Macht von unten, aus der Tiefe der Erde und damit aus der erdhaften Körperlichkeit und aus dem Unbewußten, das ja auch Natur ist. Obgleich diese Erdenergie Inanna zu überwältigen droht, hilft sie ihr zu Wachstum und geistigem Fortschritt, wie wir sehen werden. Diese Auseinandersetzung muß sein, denn – nach C. G. Jung – die Schlange ist das Prinzip, das alle Dinge zur Reifung und Vollkommenheit bringt. Wie sie das erste Menschenpaar der Bibel aus der unschuldigen Unbewußtheit des Gartens Eden treibt, so treibt sie auch Inanna aus dem unschuldigen Kinderparadies, wo es noch hilft, Tränen zu vergießen und zu jammern: „Da weinte Inanna – und wie sie weinte!" Die Schlange macht das Leben nicht heiterer, aber sie zwingt uns zur Wandlung; wie sie sollen wir alte Häute abwerfen und neue bilden. Sie zwingt auch zur Annahme der irdischen Bedingungen und bewahrt uns vor der geistigen Überheblichkeit: Sie ist es, die im Gilgamesch-Epos dem unachtsamen Helden die „Blume der Wiedergeburt" stiehlt, so daß er sich seiner Sterblichkeit bewußt wird – und damit seiner Grenzen und seiner realen Möglichkeiten.

Was hat es nun mit der zweiten Untermieterin, der Lilith, auf sich? Sie ist eine unwiderstehliche, langhaarige Dämonin und tritt in der sumerischen, babylonischen und jüdischen Mythologie auf. In Sumer ist sie der Wind- und Sturmgeist Lil – verwandt mit dem Luftgott En-Lil –, der mutwillig zerstört und nicht zu fassen ist. Später wurde sie zur unheimlichen Dämonin der Nacht, die über Männer und Frauen, die allein schlafen, herfällt und erotische Träume und Orgasmen herbeiführt. Im jüdischen Sohar ist Lilith Adams erste Frau, die sich selbst als dem Manne gleichwertig betrachtet und sich Adam nicht unterwerfen will. Da sie ihn flieht und allein in der Wildnis lebt, ist sie unfruchtbar und kinderlos und kann ihrer sexuellen Freizügigkeit leben. So wurde sie in der jüdischen Tradition zum Männerschreck.

An Lilith kann man gut die Dämonisierung des Weiblichen als einer unabhängigen, dem Männlichen nicht unterworfenen Energie erkennen. Weil wir über Lilith auch Inanna als Dunkelmond und Ereschkigal, Inannas Schattenschwester, besser verstehen können – und damit auch die Rolle, die sie hier als Untermieterin in Inannas HULUPPU-Baum spielt –, sei noch ein Blick auf die Geschichten von Lilith geworfen, wie sie der jüdische Sohar (13. Jahrhundert n. Chr.) überliefert. Dort heißt es, daß Gott anfangs am Himmel zwei große Lichter mit derselben Würde erschuf. Doch wegen eines Streites griff Gott ein und verminderte die Mondin gegenüber der männlichen Sonne. Aus ihrer Verminderung wurde Lilith geboren. Sie bezieht also ihre Lebensenergie aus der gewaltsamen Einschränkung der Mondin, des weiblichen Prinzips. Vermindert und abgeschnitten zu werden bedeutet Entwürdigung und erzeugt Haß, eine gewaltige und gewalttätige Energie, wie wir an Lilith und ebenso an Ereschkigal sehen. Damit ist „das Böse" konstelliert. Es entsteht aus der Dämonisierung dieser gewaltsam verbannten Lebensenergie. Erlösung ist nur möglich, wenn es „erhört" und geachtet wird, wie es später Inanna vollbringt. Doch jetzt in ihrer Mondsichel-Phase wird Inanna noch nicht allein mit Liliths Energie fertig. Ihr Bruder Gilgamesch hilft ihr, Lilith loszuwerden – nicht zu erlösen.

Der dritte Untermieter, der Anzu-Vogel, zeigt schon durch seinen Nistplatz in der Baumkrone, daß er nicht der unteren Welt der Instinkte, sondern dem Kopfbereich zugehört. In einer anderen sumerischen Mythe versucht er, dem Weisheitsgott Enki die Attribute und Erzeugnisse der Kultur, die ME, zu stehlen, die später für Inanna sehr wichtig sein werden. Sie stiehlt diese zwar nicht, bringt sich aber geschickt in deren Besitz.

Spätestens hier wird deutlich, daß diese drei Untermieter gar keine Fremdlinge für Inanna sind. Sie begegnet in ihnen ihren eigenen, noch unbewußten selbstbezogenen Wünschen und Begierden: ihren Gelüsten nach ungebundener, unverantworteter Sexualität und Macht. Die wachsen in ihrem Lebensbaum mit, und ihre „Besitzerin" muß sie erst erkennen und mit ihnen umgehen lernen, ehe ihr der Thron und das Bett und damit die Rolle der Königin zustehen. Dies ist ein langer und schmerzhafter Prozeß, der der ehemals unbeschwerten Inanna das Leid des Erwachsenwerdens bringt. „Die Junge, die das Lachen liebte, weinte..." Doch können wir, die wir nicht in ihrer Haut stecken, aus der Stärke ihrer Untermieter schließen, wie stark Inanna selber sein muß und was noch aus ihr werden kann. Große Bäume werfen einen großen Schatten.

Ihre Stärke zeigt sich hier auch in ihrer großen Trauer, die sie an sich heranläßt und ausdrücken kann. Indem sie emotional leidet, ist sie über die unpersönlich kalte Instinktwelt der Baumbewohner schon ein Stück hinausgewachsen. Doch hilft das Trauern nicht, diese mächtigen Wesen zu besiegen. Inannas Bewußtsein muß eine neue Fähigkeit entwickeln, sie muß sich verändern und dem Schlangen-Prinzip folgen.

Zu Beginn eines neuen Tages, also mit neuer Energie, sucht sie Hilfe; nicht bei der Väter- und Müttergeneration, sondern bei ihren Brüdern. Der Sonnengott Utu, ihr leiblicher Bruder, lehnt ab. Diese archaischen, dunklen und unkontrollierbaren Kräfte im Baum waren offensichtlich nicht sein Thema. Er war zu weit entfernt von ihnen, um einen Zugang zu haben. Gilgamesch aber, ein Sohn des unterwelterfahrenen Enki, ist bereit. Er wappnet sich, verjagt Lilith und den Vogel und besiegt die Schlange mit seiner Bronzeaxt, dem Symbol der kulturellen und geistigen Überlegenheit. Die Schärfe des Beiles – das dem Schwert späterer Zeiten entspricht – verkörpert die Schärfe der Auseinandersetzung, wohl auch die Schärfe des unterscheidenden Verstandes, mit der Gilgamesch seine emotional betroffene Schwester unterstützt. Diese Härte ist notwendig, um nicht von der Naturenergie überwältigt zu werden.

Nun kann das Holz des Baumes Inanna dienen, und Gilgamesch baut Thron und Bett für seine Schwester. Sie ihrerseits beschenkt ihren Bruder mit ihren magischen Gaben, den PUKKU und MIKKU (unübersetzbar), die sie aus Wurzel und Krone formt. Diese sind wohl die Attribute des Herrschers von Uruk, wie sie oft auf Bildtafeln zu sehen sind: Meßstab und Ring als Symbole der geistigen und physischen Macht, „imprägniert" mit der Kraft des Anzu-Vogels und der mächtigen Schlange.

Beide, Inanna wie Gilgamesch, haben nun eine neue Stufe ihrer Entwicklung erreicht. Als Gilgamesch Inannas Garten betrat, hat er das Reich des Weiblichen kennengelernt: den umhegten und gepflegten Raum natürlichen Wachstums und der Schönheit. Inanna hat, als sie in ihren Emotionen ganz gefangen und hilflos war, durch Gilgameschs männliche Energie neue Talente entdeckt: den Mut zu harter Auseinandersetzung und Entschlossenheit gegenüber den Instinktwesen. Nun gehören ihr Thron und Bett. Zwar ist Gilga-

mesch nicht ihr Geliebter, doch haben sich beide kreativ verbunden und einander die Möglichkeit eröffnet,
ihren individuellen Reichtum zu entdecken und zu
entfalten.

Der zunehmende Mond
Inanna wird sich ihrer selbst bewußt

Inanna setzte sich die SCHUGURRA,
die Krone des Weidelandes, auf ihr Haupt.
Sie ging zur Hürde der Schafe, zur Herde
und ihrem Hirten.
Sie lehnte sich an den Apfelbaum.
Als sie am Apfelbaum lehnte,
betrachtete sie staunend ihre Vulva.
Inanna frohlockte über ihre wunderbare Vulva,
Die junge Frau beglückwünschte sich selbst.

Inanna, der zunehmende Mond, ist schon gewachsen. Sie hat bereits ihre erste Prüfung bestanden; vor allem hat sie Thron und Bett erlangt und damit ihren eigenen Platz gefunden. Sie wandert nicht mehr ruhelos umher, angstvoll und getrieben. Als Zeichen dafür, daß sie sich ihrer selbst bewußt geworden ist, krönt sie sich selber mit der SCHUGURRA, der Krone des Weidelandes. Sie erklärt sich damit zur Herrin der lebenspendenden, fruchtbaren Natur – im Gegensatz zur Stadtkultur, deren Königin sie erst nach dem Besuch bei Enki wird.

Wie mag die SCHUGURRA ausgesehen haben? Sie war weniger ein gewichtiges, repräsentatives Machtsymbol wie die späteren europäischen Kronen, sondern ein zarter Reif. Unter den archäologischen Funden, ausgegraben in Ur, war auch eine Königinkrone, der die

SCHUGURRA sicher ähnlich war. Sie bestand aus einem tiefblauen Reif aus Lapislazuliperlen, geschmückt mit zarten goldenen Emblemen: winzigen Fruchtbäumen, Pflanzen und zartgliedrigen Tieren vieler Arten. Sie gehören zur Mondgöttin als der Herrin der Tiere und Pflanzen. Das tiefe Nachtblau und das Sonnengold weisen auf die enge Verbindung zu den beiden Polen der Nacht: Dunkel des Himmels und Licht der Gestirne. Mit einer solchen Krone krönte sich Inanna selbst, nicht ein männlicher Herrscher verlieh ihr ihre Macht. Sie ist sich ihres Hauptes bewußt geworden als des Sitzes der Macht über sich selbst und ihrer spirituellen Kraft. Die Krone ist in alter Zeit nicht nur ein äußeres Machtsymbol, sondern hebt die höchste Stelle des Kopfes, die „Tonsur-Stelle", hervor, die nach mystischer Tradition die Einstrahlungsstelle des Geistes ist, wenn sich das spirituelle Bewußtsein entwickelt. Inannas Aufgabe und geistige Kraft beziehen sich auf das, was ihre Krone abbildet: die Geschöpfe der Erde.

So gekrönt wendet sich Inanna zur Schafhürde, wo die Herde lagert, einem Ort natürlicher Wärme und Lebendigkeit. Dort lehnt sie sich an einen Apfelbaum und genießt ihre eigene Wärme und natürliche weibliche Kraft: Sie betrachtet ihre Vulva. Im Sumerischen ist das Wort für Schafhürde dasselbe wie für Leib, Leibeshöhle, Vulva, Lenden. Inanna ist also dort, wohin sie jetzt gehört, und freut sich ungeniert an ihrer Vulva, dem Organ ihrer weiblichen Empfänglichkeit und Fruchtbarkeit. Damit hat sie ihre beiden Kraftpotentiale entdeckt und bejaht sie freudig: ihren Kopf, um geistig zu empfangen und fruchtbar zu sein, und ihren Leib, um neues Leben zu empfangen und fortzupflanzen. Inanna ist ganz gegenwärtig und stark und zugleich geistig und physisch offen und empfänglich.

So verkörpert sie den Archetyp der göttlichen jungen Frau oder Jungfrau, die eins mit sich selbst und deshalb würdig ist, dem Gott zu begegnen und ihn zu empfangen.[3] Anders als die Jungfrau Maria, wie sie von der Kirche traditionell dargestellt wird, empfängt die Jungfrau Inanna ihre göttliche Energie, ihre Aufgabe oder Rolle nicht von einem männlichen Gott. Sie ist göttlich aus ihrem eigenen weiblichen Wesen und nicht von eines Gottes Gnaden, der sie als seine Ergänzung braucht. So ist sie auch sexuell selbstbestimmt und läßt weder von einem Vater noch Bruder oder Ehemann für oder über sich entscheiden. Sie lebt nach ihrem weiblichen Gesetz, nicht nach männlicher Norm. Diesem Typus der Jungfrau entsprechen außer ihr die großen Göttinnen wie Ischtar, Isis, Artemis, Aphrodite. Die „Unberührtheit" dieser Göttinnen ist nicht sexueller Natur, denn sie verweigern sich nicht der Leidenschaft für einen Mann, sondern unberührt ist die Jungfrau, weil ihre Würde und Eigenständigkeit unantastbar sind.

Sie ist im wörtlichen Sinn all-eine und bezahlt auch den Preis dafür. Wer sich unter den Schatten und Schutz eines Mannes oder Gottes stellt, genießt damit auch Sicherheit und hat teil an seiner Macht – allerdings unter den Bedingungen, die ER stellt (vgl. Hera als Gemahlin des Zeus, Persephone neben Hades oder auch die christliche Himmelskönigin Maria, die von ihrem Sohn [!] gekrönt wird als Zeichen ihrer himmlischen Mitregentschaft).

Doch sehe ich in dieser Ungeschütztheit, all-eine zu sein, vor allem eine große Chance. Die göttliche Jungfrau – und mit ihr unsere innere Seelenjungfrau – muß sich gar nicht hilflos, schwach und dem Leben ausgeliefert fühlen, sondern kann sich die ihr entsprechende

Hilfe suchen, wie Inanna Gilgameschs Unterstützung fand. Vor allem aber kann die Jungfrau das Leben in seiner Ganzheit erfahren, in allen Begegnungen die göttliche Berührung erleben. Auf diesem Wege geht Gott in die Jungfrau ein und befruchtet die Seele zu neuer Kreativität. Einen Menschen aber, der sich – aus welchen Gründen auch immer – vor dem Leben verschließt, „dichtmacht", wie es umgangssprachlich so treffend heißt, erreicht der Gott nicht, wenn er an seine Tür klopft. Er geht vorüber – und mit ihm die volle Lebendigkeit des Lebens mit seinen Höhen und Tiefen und seinen Überraschungen und Wundern.

Eine Frau Ende Dreißig, die lange Jahre analytisch an den tiefen seelischen Verletzungen gearbeitet hatte, die seit ihrer Kindheit mitgewachsen waren und sie immer wieder in die Depression trieben – auch eine Form, die innere Tür vor dem Leben zu verschließen –, war ihrer inneren Jungfrau begegnet, als sie zum ersten Mal ganz allein nach Florenz reiste. Zu ihrer Freude hatte sie bei einem Besuch in den Uffizien das zu ihr passende Bild einer anderen Jungfrau gefunden: die zarte Maria von Filippo Lippi, die dem göttlichen Kind huldigt, der Frucht ihrer Begegnung mit Gottes Geist. Zu ihrer Erfahrung mit diesem Bild schreibt diese Frau: „So wie sie, diese Jungfrau, bin ich unterwegs, allein inmitten dieser Kunstdenkmäler, dieser bunten und extravertierten Menschen. Ein bißchen scheu – und doch mutig. Zum ersten Mal allein so auf einer Reise ins Blaue. Es ist gut so." – „Allein – ein bißchen scheu und doch mutig – es ist gut so": Mit diesen Worten beschreibt sie sehr treffend die innere Bereitschaft der Jungfrau, auf ihren eigenen Füßen zu stehen und sich dem Leben bejahend zu öffnen. „Ins Blaue" ist sie unterwegs – und damit ins Offene, Weite; aber vielleicht auch in den „Blues", der vom Blau seinen Namen hat, denn sich berühren zu lassen kann auch bedeuten, Verletzung und Trauer zuzulassen.

Diese schöpferische Jungfrau-Energie in sich wachsen zu lassen ist kein Privileg der Frauen – sie äußert sich im Manne ebenso, wahrscheinlich bei anderen Gelegenheiten; vielleicht heute verborgener und störbarer als zu anderen Zeiten, weil sie nicht in das gängige Männerbild paßt. Der schöpferische und inspirierte Mann anderer Zeiten war vor dem Gott oder der musisch-geistigen Kraft, die ihn inspirierte, eine Jungfrau: Er öffnete sich, ließ sich vom Gott durchdringen und verwunden, empfing dessen geistigen Samen und trug ihn – oft mit Schmerzen – in seinem Werk aus. Wenn man die äußeren harten Umstände und Leiden des Leibes und der Seele bedenkt, denen gerade viele der bekannten Schöpfer religiöser Werke, der Philosophie, Poesie oder der Musik ausgesetzt waren, so mag man das wohl symbolisch eine Empfängnis und Schwangerschaft im Geiste nennen. Durch die Bereitschaft ihrer inneren Jungfrau wurde das „göttliche Kind" hervorgebracht und der Welt geschenkt.

Ein Mann der heutigen Zeit kann seiner inneren Jungfrau begegnen, wenn er sich zarten Empfindungen und Neigungen öffnet und seiner feinen inneren Stimme zu lauschen wagt. Das mag ihn verwirren, denn diese Stimme sagt ganz anderes als die Stimme der Vernunft, der heute üblichen Meinung oder des „gesunden" alltäglichen Menschenverstandes. Aber da es die Stimme Inannas, der himmlischen Mondjungfrau, ist, die zu ihm spricht, kann er durch sie in ihr Mondreich eingeführt werden und eine ganz neue Welt in seiner eigenen Seele erleben, die die Alltagswelt schöpferisch ergänzt.

Diese Stimme Inannas als der Herrin der lebendigen Natur finde ich in der Liebe zum Leben auch in seiner unscheinbaren Gestalt wieder. So zum Beispiel bei Konrad Lorenz, der die akademischen Wege des renommierten Verhaltensforschers verläßt und sich von der winzigen, künstlich ausgebrüteten Graugans Martina als Mutter adoptieren läßt. Dahinter muß Inanna stecken, wenn ein ergrauter, respektabler Professor auf das leise Stimmchen des Gänsekükens hört und in Gänsesprache darauf antwortet; wenn er mit dem Gänsekind auf allen vieren durch die Wiese kriecht und ihm zeigt, welche Kräuter bekömmlich sind, und es danach in einem eigens gefertigten Körbchen auf der Brust mit sich herumträgt.

Die Jungfrau Inanna hat eine feinfühlige Beziehung zu den Bewegungen des organischen Lebens, zu den Stimmen der Natur, die wir so oft überhören, weil sie nichts „einbringen". Daher kann sie auch ihre eigene Leiblichkeit genießen und über die Blüte und Wärme ihrer Vulva „frohlocken". Die empfängliche Jungfrau weiß, daß sie Seelisches und Geistiges vom Leib nicht zu trennen braucht, weil sie diese enge Verbindung ständig spürt und versucht, ihr Ausdruck zu geben. Das gelingt Frauen nach meiner Erfahrung leichter, und inzwischen haben viele Frauen für ihre Liebe zum Leib eine Sprache, eine ästhetische Form gefunden. Petra Künkel läßt ihre innere Jungfrau, die eins ist mit ihrem Leib, ihrer Seele und ihrem Geist, so sprechen:

es gibt tage
da könnte ich mich
mit meinem linken kleinen zeh unterhalten
vielleicht hätte der rechte
mir ebensoviel zu erzählen

es gibt tage
da sitzt mir der kopf im bauch
und der bauch breitet gemächlich
seine decke nach vorne nach hinten
folgt schwerelos ruhigen atemzügen

es gibt tage
da fließen durch mondbrunnen und mund
meine gefühle ins meer einer wärme
die meinen körper umgibt

an diesen tagen schwebe ich auf wolken
in himmelsnähe
bin dem paradies nicht mehr fern
das mir verspricht
nie wieder seele zu teilen
in körper und geist[4]

Zwar nennt Petra Künkel ihre tagebuchartigen Auf-
zeichnungen und Gedichte „Bruchstücke einer Mondin", doch ergeben diese Bruchstücke zusammenge-
setzt ein rundes Bild Inannas und ihrer Phasen. Wir
werden dieser Poetin in einem späteren Kapitel noch
einmal zuhören.

Inannas Mondboot füllt sich mit Geistesgaben

Begegnung mit Enki, dem Vater der Wassertiefe und Weisheit

Ich bin Ohr und Geist aller Länder.

Sumerisch

Die Himmelskönigin Inanna beschließt, den Gott der Weisheit, Enki, in seinem Heiligen Schrein in der Stadt Eridu, dem ABZU, zu besuchen und ihm Ehre zu erweisen. Schon vor ihrem Eintreffen weiß der Gott, „dessen Ohren weit geöffnet sind" und „der in das Herz der Götter schaut", daß Inanna kommt, und gibt seinem Diener Anweisung, die Göttin würdig und ehrenvoll zu empfangen.

Enki und Inanna tranken Bier miteinander.
Sie tranken mehr und noch mehr Bier miteinander.
Mit den Trinkgefäßen aus Bronze, voll bis zum Rand,
Mit den Trinkgefäßen von Urasch, der Mutter Erde,
Wünschten sie einander Glück,
forderten sie einander heraus.

Enki schwankte vom Trinken.
Er trank Inanna zu:
Im Namen meiner Macht! Im Namen meines Heiligen
*   Schreines!*
Meiner Tochter Inanna werde ich
*   das Hohepriesteramt übergeben! Die Göttlichkeit!*
Die edle, ewige Krone! Den königlichen Thron!
Inanna gab zur Antwort: Ich nehme an!

Vierzehnmal erhob Enki seinen Becher zu Inannas Wohl und bot ihr seine Heiligen ME an: die über hundert Gaben und Fähigkeiten des geistigen, religiösen und kulturellen Lebens, die er verwaltete. So erhielt sie unter anderem: die Wahrheit, den Abstieg in die Unterwelt und die Rückkehr, die Liebeskunst, den Phalluskult, den Kult der Klagelieder, die Gabe, das Herz zu erquicken und Urteil zu sprechen, die Künste und das Handwerk, das empfängliche Ohr, die Macht der Achtsamkeit, die Reinigungsriten, „die fütternde Feder" (Schreibkunst), Ehrfurcht und die Fähigkeit, Entscheidungen zu treffen, und „daß die ME in vollkommener Weise gestaltet werden" als letzte der über hundert ME. Jedesmal bestätigt Inanna den Empfang und sagt: „Ich nehme an!" Zum Schluß zeigt sie Enki noch einmal alle seine Gaben zur Bestätigung und lädt sie schnell in ihr Mondboot. Mit dem Segen des trunkenen Enki stößt Inanna vom Kai ab, um nach Uruk zurückzukehren.

Als Enki schließlich wieder nüchtern wird, blickt er um sich und vermißt die Heiligen ME, die Attribute seiner Göttlichkeit und Macht. Vierzehnmal fragt Enki seinen Diener, und genausooft bekommt er die gleiche Antwort: „Mein König hat alle ME seiner Tochter Inanna gegeben." Enki schickt ihr zunächst seinen Diener nach, um das Boot mit der kostbaren Geistesfracht zurück nach Eridu zu bringen: „Meine Königin, ... deines Vaters Wort geschieht, niemand kann es mißachten." Doch Enkis Wort ist bereits ergangen: Der Vater hat der Tochter bei seinem heiligen Namen die Kulturgaben zum Geschenk gemacht – unwiderruflich! So widersetzt sich Inanna zornig und läßt sich auch nicht einschüchtern, als Enki ihr sechsmal Dämonen und Riesen schickt, die das Boot angreifen.

Inanna erhält Hilfe durch ihre ergebene Dienerin

und Kriegerin Ninschubur, einst die Königin des Ostens, die jetzt dem Heiligen Schrein ihrer Herrin in Uruk dient. Von dieser „weisen Ratgeberin" heißt es: „Wasser hat niemals ihre Hand und ihren Fuß berührt." Überlegen rettet sie das Himmelsboot sechsmal, so daß es glücklich den Angriffen entkommt und in die Kanäle von Uruk einfahren kann. Dort hat Inanna für Hochwasser gesorgt, und das Boot wird sicher zum Kai ihres Schreines getragen.

Nun geben die alten Männer weisen Rat, die alten Frauen besänftigen die Herzen, die jungen Krieger zeigen die Kunst ihrer Waffen, die kleinen Kinder lachen und singen, ganz Uruk ist festlich gestimmt. Mit Ritualen und Musik beginnt ein großes Tempelfest, und der König verteilt Fleisch und Bier an das Volk. Inanna läßt sich nun zur Himmelskönigin proklamieren und ihrem Namen huldigen.

Inzwischen hat Vater Enki vernommen, daß das Boot am Weißen Kai von Uruk gelandet ist, und stellt großmütig fest, daß Inanna „dort Wunder vollbracht hat für das Boot des Himmels". Als Inanna die ME ausgeladen und dem Volk vorgestellt hat, geschieht ein zweites Wunder: Sie kann mehr ME präsentieren, als Enki ihr gegeben hat! Sie schenkt zusätzlich den Frauen ihres Volkes die „weiblichen Künste" der Erotik, Gewänder anzulegen und schönen Schmuck zu tragen, Trommeln und Tambourine zu spielen. Die letzte Gabe ist besonders wichtig: „Daß die ME in vollkommener Weise gestaltet werden". So erweist sich Inanna als ihrer würdig.

Enki bestätigt Inannas Werk mit Segen und Friedensschluß:

Im Namen meiner Macht!
   Im Namen meines Heiligen Schreines!
Laß die ME, die du mit dir genommen hast,
   im Heiligen Schrein deiner Stadt bleiben!
Laß den Hohepriester am Heiligen Schrein
   mit Gesängen dienen!
Laß die Bürger deiner Stadt gedeihen,
   die Kinder von Uruk sich freuen!
Das Volk von Uruk ist verbündet mit dem Volk
   von Eridu.
Laß die Stadt Uruk wieder erstehen
   an ihrem großen Platz!

Inanna, mit der Krone des Naturreichs gekrönt und im Bewußtsein ihrer sexuellen Kraft, zieht in ihrem Mondboot aus, um ihre Schale zu füllen. Sie will Enki besuchen, den Gott des Wassers – sumerisch auch: des Samens und der Weisheit. Nach dieser Art von Befruchtung steht ihr Sinn.

Wir lernten Enki bereits kennen als den ersten Gott, der Ereschkigal in der Unterwelt besuchte und damit in die von den Himmelsgöttern verfügte Tabu-Zone eindrang. Sein Name und sein Emblem – der Ziegenfisch – verraten seine Doppelnatur: Sein Name bedeutet „Gott der Erde", da ihr ja seine fruchtbaren Wasser dienen. In seinem Emblem ist das Wassertier, der Fisch, der in die Tiefen taucht, mit der Bergziege oder dem Steinbock, der die Erhebungen der Erde erklettert, verbunden.[5] Aus dieser Doppelnatur erwächst Enki sein Wissen um beide Bereiche. Seinen Heiligen Schrein, den ABZU, hat er nach der Wortbedeutung von ABZU über der Tiefe erbauen lassen, und auch seine Stadt Eridu liegt an einer Schwelle: dort, wo sich die Süßwasser von Euphrat und Tigris mit den Salzwassern des Persischen Golfs mischen. Die Weisheit eines solchen Gottes ist universell und umfaßt Himmel, Erde und Unterwelt. Besonders ist ihm die Elementargewalt der Gefühle, die dem Wasser entsprechen, unterstellt. Sie können wie das Wasser sanft fließen und wild brausen, wollen frei strömen und brauchen doch Kanäle, damit ihre Energie nicht zerstörerisch wirkt. So wirken sie wie das Wasser als verbindende, befruchtende Kraft.

Ich stelle mir vor, wie unsere Welt aussähe, wenn wir einer Gottheit oder einer geistigen Kraft wie Enki dienten. Das Wasser, unser Lebenselement, das alle Kreatur und auch unseren Leib aufbaut, wäre uns heilig als der Leib Enkis. Wir hüteten uns, es zu verunreinigen, denn wir wüßten, daß es diese unsere verderblichen Spuren überallhin und wieder zu uns zurückträgt. Wie das Wasser, so hüteten wir auch die Welt der Gefühle und könnten durch unsere Achtsamkeit sowohl den krank machenden Stau als auch das zerstörerische Übermaß vermeiden. Unsere Gefühle könnten sich dann wie die Gewässer schöpferische Bahnen und neue, weite Flußbetten suchen, um alle Räume des Lebens zu durchfeuchten und fruchtbar zu machen. Und schließlich – so male ich mir aus – könnten wir an Enkis Weisheit teilhaben wie Inanna: einer Weisheit aus der Höhe, aus der Mitte und aus der Tiefe, und hätten es nicht mehr nötig, entweder alles Kopflastige oder den „Bauch" so überzubewerten. Wir vertrauten dann auch dem feinen Ohr, das in die Tiefe lauscht, und der Intuition. Diese göttliche Enki-Energie wünsche ich mir! Ich würde mit Freuden wie Inanna zu seinem Schrein kommen ...

Die feinen Ohren Enkis verdienen noch unsere Aufmerksamkeit. Enki heißt „Ohr und Geist aller Länder" oder „er, dessen Ohren weit geöffnet sind". Seine Fähigkeit, in die Tiefe zu lauschen und alle Bewegung dort zu hören, ist später auch Inanna gegeben, als sie „die Ohren spitzt" und den Ruf aus der Unterwelt vernimmt. Dies besondere Ohr, das die feinsten Schwingungen wahrnimmt, haben wie Enki die Schamanen aller Zeiten und Erdteile besessen. In ihren Heilungsritualen und in der magischen Praxis spielt es bis heute eine Rolle, wie genau sie Schwingungen aufnehmen und interpretieren können. Nach der Ohr-Diagnose kann die Heilung erfolgen: durch die Stimme. Die Heilungsgesänge der Schamanen greifen in den Schwingungszustand des Kranken ein und bringen ihn wieder in Überein-Stimmung oder Einklang. Entsprechend heißt „zaubern" im Lateinischen wörtlich „hineinsingen" – incantatio.[6]

Wie sinnvoll es ist, daß gerade das hochentwickelte Ohr zu Enki gehört, zeigt ein Blick auf die Evolution der Lebewesen. Das Ohr hat sich in der Welt des Wassers als Organ der Kommunikation entwickelt und legt noch heute Zeugnis ab vom wäßrigen Milieu, aus dem es stammt: Unser äußeres Ohr heißt Ohr-Muschel; im Innenohr empfängt ein winziges Organ alle akustischen Signale und gibt sie an die Hörnerven weiter: Es ist die „Schnecke" (lat. cochlea), deren feine Windungen mit Wasser, dem Element Enkis, gefüllt sind.[7]

Diese Fähigkeit des feinen Horchens beherrscht Enki und ebenso die Kunst des schamanischen Sehens: Er „schaut in das Herz der Götter" und weiß ihre verborgenen Gedanken, er sieht also energetische Zusammenhänge, Schwingungsmuster, die den physischen Augen unsichtbar sind. Entsprechend weiß er schon vorher, daß Inanna ihn besuchen wird, und ordnet an, wie sie empfangen werden soll. Weiß er wohl auch um den Ausgang dieses Besuches?

Der Himmelsgott An übergab am Anfang Enki die ME,

die er seither hütet. Dies sind die dem Menschengeschlecht übertragenen Gaben und Aufgaben, die kulturellen und religiösen Dienste.

Inannas erster eigenständiger Versuch, der Welt der Väter zu begegnen, zeigt, daß sie Enki gewachsen ist. Beide ergänzen einander ideal: Nicht nur in ihrer Trinkfestigkeit und Heiterkeit ist Inanna Enki ebenbürtig, sondern sie kann alle ME sehr gut gebrauchen, die ihr der Vater großmütig zuspricht. Doch scheint es, als werde Enki im Lauf der Handlung von den Wogen seines eigenen Elementes überflutet: Je mehr Bier er trinkt, desto großzügiger gibt er alle göttlichen Gaben her und liefert sich seiner Tochter aus – so scheint es. Dieser bedrohlich wirkenden Selbsthingabe entspricht auf der anderen Seite Inannas klare Zielstrebigkeit. Sie nimmt alle ME in Empfang, um sie an ihr Volk weiterzugeben und ihm Leben und Gedeihen zu sichern. Der Mythos zählt genau alle Stände und Altersgruppen auf, denen die ME zugute kommen werden.

Mit diesen Gaben der Weisheit füllt Inanna ihr Mondboot. Sie rettet die Gaben – psychologisch gesprochen – aus den Wassern der unbewußten Tiefe und läßt sie dem bewußten Gebrauch der Menschen und ihrem gesellschaftlichen Wachstum zugute kommen.

Im nächsten Kapitel vergleicht Inanna das Himmelsboot, das die Gaben der Weisheit trägt, mit ihrer „wundervollen Vulva". Sie verkörpert eine Weiblichkeit, wie sie der Jungfrau entspricht. Ihr weibliches Organ dient nicht allein der Befriedigung sexueller Lust oder dem Kindersegen, sondern ist ein Ort, der für Weisheit empfänglich ist und Raum hat für die Inspirationen Enkis. Inanna bringt den Frauen die Botschaft, daß erotische Hingabe und sexuelle Erfüllung eng mit Spiritualität verbunden sein kann. Die Frau muß nicht abstinent leben, um Gott zu dienen, sondern es kann geschehen, daß in ihrem Geliebten Gott zu ihr einkehrt. Ihre Liebe wird zum Boot, das schöpferische Weisheit in sich aufnimmt und weitergibt an die Menschen, mit denen sie lebt.

Die Mondgöttin hat diese Gaben des Wassergottes angezogen, wie der Mond die Flutwelle der Meere anzieht und hält. Dieser Anziehungskraft konnte Enki nicht widerstehen. Konnte oder wollte er nicht widerstehen? Hat er sich selber zum Opfer seiner Trunksucht gemacht – als ein „göttlicher Alkoholiker"? Und was hätte das mit Weisheit zu tun?

Unser Mythos ist listig, er zwingt uns zum genauen Hinhören – Enkis besondere Begabung –, um seine versteckte Botschaft nicht zu verpassen. Eine solche List liegt in den letzten ME, die Inanna empfängt. Mit diesen schenkt Enki ihr die Gabe, alle ME „in vollkommener Weise zu gestalten", also die Gabe der Ausführung, und die Kraft, „Entscheidungen zu treffen". Ohne diese letzten wären alle anderen ME völlig nutzlos und nicht zu gebrauchen. So aber hat Inanna auch die Entscheidungskraft gewonnen, die ME bestmöglich einzusetzen. Sie hat ihr Ohr geöffnet – Enkis magische Fähigkeit – und dann Enki beim Wort genommen und seine Worte schnell in die Tat umgesetzt. Eine sehr intelligente und nachvollziehbare Art der Magie!

Die zweite List des Mythos liegt in Enkis Doppelnatur und seinem Verständnis von Weisheit. Zum einen verwaltet er die höchsten kulturellen Schätze der sumerischen Hochkultur, zum anderen „läßt er sich gehen", verliert die Selbstkontrolle und läßt seine Konturen verschwimmen – wie das Wasser, sein Element. Das aber ist gerade die Weisheit des Wassers. Wie die Gefühle kann es fließen und sich selbst mitteilen, ohne geizig die Tropfen zu zählen. Das Wasser gibt sich selbst an alles Bedürftige – und eben das tut Enki. Wie das Wasser, so ist auch die Weisheit dazu da, mitgeteilt zu werden, denn sie vermehrt sich durch Teilen. Auch Inanna beweist das, als sie am Kai ihrer Stadt gelandet ist. Sie verteilt mehr ME an die Menschen, als sie von Enki empfing.

Schließlich zeigt sich die Weisheit Enkis auch in seiner väterlichen Einsicht. Die wachsende Sichel der Tochter soll zur vollen Mondin werden. Er könnte mit den Worten Johannes des Täufers sagen: „Sie muß wachsen, ich aber muß abnehmen." Die Zahl Vierzehn verrät diesen Hintergrund. Es ist die Zahl der Nächte von der Dunkelmond- zur Vollmondphase, und genau vierzehnmal erhebt Enki seinen Becher zu Inannas Wohl, vierzehnmal werden ihre ME vermehrt.

Also können wir vermuten, daß Enki in Übereinstimmung mit sich selbst gehandelt hat. Könnte es sein, daß es uns heute deshalb so suspekt vorkommt, wenn Enki überschwenglich schenkt und sich verströmt, weil wir beinahe zwanghaft alles besitzen und festhalten müssen, eher kontrollieren wollen als bereit sind, loszulassen und hinzugeben?

Diese Begegnung des weisen Magiers der Wasser mit der jungen Göttin der Mondmagie ähnelt einer Erzählung des keltischen Kulturkreises: Merlin, der große Zauberer, Seelenführer und Lehrer der Artus-Runde, ist mit ähnlichen „Wassern gewaschen" wie Enki. Wie dieser hat er eine ganze Kultur inspiriert. Als er das Ende seines Erdenweges nahen fühlte, wanderte er mit der jungen, schönen Niniane (Nimue) bis zum Weißdornbusch, der ihm als letzte Ruhestatt dienen sollte. Niniane ihrerseits wußte wie Inanna, was sie wollte, und der Gleichklang ihrer Namen ist dafür ein passendes Symbol. Sie selbst war schon eine mächtige Magierin und ließ sich von Merlin alle seine Künste lehren als Gegengabe für die zärtlichen Beweise ihrer Liebe. So wuchs sie von Tag zu Tag, und Merlin nahm ab. Schließlich entschlief er, in Ninianes Schoß gebettet, unter dem Weißdornstrauch, wie er es vorhergesehen hatte. Tanzend zog Niniane neun (Mondzahl!) Zauberkreise um Merlin, die ihn dort festhielten. Sie hatte all sein Wissen in sich aufgenommen.

Enki gab seine ME, als er im Rausch die Kontrolle über sein Ich verlor, Merlin gab sein Wissen im Rausch der Liebe, wo mein und dein verschmilzt. Beide Male floß die Weisheit einer ihrer würdigen jungen Frau zu, die sie auf weibliche Weise zu vermehren und zu vollenden verstand.

Den wehmütigen Ton von Verzicht um der Liebe willen, der um Merlins Weißdornstrauch schwebt, finden wir freilich in Inannas Mythos nicht. Enki lebt weiter, wird nüchtern und bemerkt, daß alle seine ME mit Inannas Boot verschwunden sind. Hier erwacht der dunkle Zaubermeister in ihm, der um seine Macht fürchtet und alle Zaubermittel einsetzt, um Inanna die ME wieder abzujagen. Doch Inanna ist ihm inzwischen gewachsen und stark genug, die ME zu verteidigen. Dabei wird sie von ihrer Kriegerin Ninschubur unterstützt. Welche weibliche Energie verkörpert diese Dienerin, die Inanna auch bei der Unterweltfahrt aus größter Gefahr rettet?

Ninschubur, die einst dem Himmelsgott An diente, heißt „Königin des Ostens", sie ist noch nie vom Element Enkis, dem Wasser, berührt worden. Damit verkörpert sie eine reine, lichte Kraft des Himmelsfeuers, die sie den erdhaft-dunklen, ambivalenten Kräften Enkis entgegensetzt. Sie ist die geistige Seite Inannas, ihr höheres Selbst. Sie arbeitet nicht mit Gegengewalt, die Dämonen zu besiegen, läßt sich nicht emotional auf sie ein, sondern nimmt die distanzierte Haltung des Geistes ein, an der sie abprallen müssen.

Diese klare Energie Ninschuburs stand in Inannas Diensten und half ihr, ihr Werk und damit sich selbst zu vollenden. Aus der Königin der Natur ist eine Königin der Stadtkultur geworden, die ihrem Volk den Geist, die Inspiration und die Weisheit der großen männlichen Götter zugänglich macht und mit ihrer weiblichen Weisheit bereichert.

Und Enki? Er ist schließlich sich selbst treu geblieben und reagiert nicht länger mit Zorn und Eifersucht, sondern politisch klug. Er segnet Inanna und schließt einen Bund mit ihr, einen Bund seiner Stadt Eridu mit ihrer Stadt Uruk. Dieses Bündnis war ein Garant des Schutzes und kulturellen Wachstums der Stadtgesellschaften, die immer wieder in Gefahr waren, sich in Bruderzwisten zu bekriegen und gegenseitig zu zerfleischen.

Meditation bei zunehmendem Mond

Inanna –
ich sehe dich in deiner himmlischen Barke
über den Abendhimmel gleiten.
Ich suche Weisheit, die mein Leben befruchtet –
  wie du.
Ich wünsche sie mir – so intensiv wie du.
Ich wünsche mir, zu meinen guten Kräften Zugang
  zu haben.
Ich wünsche mir, die Fülle meiner Gaben
  zu leben und zu verschenken,
um damit an meinem Platz der Erde
  und den Menschen zu dienen.

Inanna –
nimm mich auf in deine himmlische Barke.
Führe mich zur Quelle der Weisheit.
Zeige mir meine ME,
meine Gaben und die Schätze meiner menschlichen
  Erfüllung.
Ich möchte mit meinen kleinen und großen Gaben
der Erde und den Menschen dienen.

Inanna –
du bist schön – und zum Fürchten,
denn du weißt, was du willst.
Du bist klar im Geist – und voller Hingabe;
weit entfernt – und doch eine Kraft in mir.
Dein Wachsen und Werden am Himmel
  und in meiner Seele sei gelobt!

Imagination

Ich setze mich in Inannas Himmelsbarke und fahre mit ihr zur Quelle der Weisheit. Dort sitzt der Hüter der Quelle, in seinem Schrein hütet er meine Gaben und Schätze, meine Fähigkeiten und Aufgaben, die mir vielleicht noch verborgen sind. Ich wünsche mir meine ME und erhalte sie vom Hüter der Quelle. Eines nach dem anderen nehme ich bewußt und achtsam in Empfang und verstaue sie im Boot.

Mit Inanna kehre ich zurück an meinen Kai, meinen Lebensraum. Dort setze ich die ME ein ... und danke Inanna für ihr Geleit.

Der Vollmond
Inannas Liebesbegegnung mit Dumuzi

Der Bruder sprach zu seiner jüngeren Schwester,
Der Sonnengott sprach zu Inanna:
Junge Herrin, lieblich anzuschauen
  ist der reife Flachs.
Inanna, seine Frucht glänzt auf dem Acker.
Ich will ihn für dich schneiden. Ich will ihn
  dir bringen.
Ein Stück Leinen, groß oder klein, kann man immer
  gebrauchen.
Inanna, ich will es dir bringen.

Inanna hat verstanden, wozu ihr das Leinen dienen soll, und fragt ihren Bruder Utu, wer das Bett mit ihr teilen solle, wenn sie ihr Brauttuch empfangen habe.

Utu schlägt als Bräutigam den Schafhirten Dumuzi vor, der selbst auf dem Thron der Heiligen Hochzeit empfangen wurde. Doch den lehnt Inanna strikt ab: Der Mann ihres Herzens soll ein Ackerbauer sein, der ihre Speicher mit Getreide und Früchten füllt. Schließlich schaltet sich Dumuzi selbst ein und wirbt für sich und seine Geschenke, die er Inanna anzubieten hat: schwarze und weiße Wolle, süße Milch und gelben Käse in Hülle und Fülle. Inanna führt neue Argumente ins Feld, daß Dumuzi seiner Herkunft nach ihrer nicht würdig sei. Dumuzi spricht zu ihr mit der überlegenen

und eindringlich-liebevoll werbenden Beharrlichkeit
dessen, der sein Ziel erreichen will, und gibt nicht auf:

Inanna, laß uns niedersitzen und miteinander
  sprechen.
Ich bin Utu ebenbürtig ...
Das Wort, das sie sprachen, war ein Wort
  des Verlangens.
Als sie ihren Streit begannen,
  kam das Liebesverlangen.

Da eilte der Schafhirt Dumuzi und holte für Inanna
Geschenke, damit sie ihm ihre Tür öffne. Inanna jedoch lief zu ihrer Mutter, der Mondgöttin Ningal, und
fragte sie um Rat.

Ningal beriet ihre Tochter und sprach:
Mein Kind, dieser junge Mann ...
wird dich gut behandeln wie ein Vater.
Er wird für dich sorgen wie eine Mutter.
Öffne ihm das Haus, meine Herrin!

Inanna folgte dem Rat ihrer Mutter, badete und salb-
te sich und legte ihr weißes Königingewand und ihre
kostbare Lapislazulikette an.

Dumuzi erwartete sie gespannt.
Inanna öffnete ihm die Tür.
Im Hause leuchtete sie vor ihm wie das Licht
  des Mondes.
Dumuzi betrachtete sie voller Freude.
Inanna sprach:
Was ich zu dir spreche,
Laß die Sänger in ihre Gesänge weben.

Was ich zu dir spreche,
Laß fließen von Ohr zu Mund,
Von alt zu jung:
Meine Vulva, das Mondhorn, das Boot des Himmels
Ist voller Begehren wie der junge Mond.
Mein Land liegt brach.
Und so auch ich, Inanna:
Wer wird meine Vulva pflügen?
Wer wird mein hohes Feld bestellen
    und meinen feuchten Grund?
Dumuzi gab zur Antwort:
Ich, der König Dumuzi, werde deine Vulva pflügen!
Inanna sprach: Dann pflüge meine Vulva,
    Mann meines Herzens!
An den Lenden des Königs wuchs die hohe Zeder.
Pflanzen wuchsen hoch an ihrer beider Seite.
Korn wuchs hoch an ihrer beider Seite.
Gärten blühten in üppiger Pracht.

Hin und her zwischen Inanna und Dumuzi geht der Wechselgesang als eine Ouvertüre der Heiligen Hochzeit: Lobpreis des einen für die Vorzüge des anderen. Ihre Wonne ist eins mit der Schöpfungswonne der reich sprießenden Pflanzenwelt. Inannas Leib gleicht der Erde, die bereit ist, die Freude und den Samen zu empfangen; Dumuzis Leib gleicht der Vegetation, dem kräftigen Grün, das aus der Erde schießt und neue Nahrung spendet.

Inanna sang:
In der letzten Nacht, als ich,
    die Königin des Himmels, hell strahlte,
Als ich hell strahlte und tanzte,
    die Ankunft der Nacht willkommen hieß ...

Mein Hoherpriester ist bereit für die heiligen Lenden.
Die Kräuter und Pflanzen in seinem Feld sind reif.
O Dumuzi! Deine Fülle ist mein Entzücken!

Nicht nur Liebkosungen tauschen sie, sondern Inanna spricht dem König von Uruk Dumuzi ihr göttliches Geleit und ihre Unterstützung zu. Aus dem Schafhirten ist ein Hirte des Landes geworden. Für diese Aufgabe inspiriert sie Dumuzi mit ihrem Geist:

Im Kampf bin ich deine Geleiterin,
Im Gefecht dein Waffenträger,
Im Feldzug deine Inspiration,
In der Versammlung deine Advokatin.

Dann ruft Inanna nach dem Bett der Heiligen Hochzeit, und Ninschubur als Dienerin ihres Schreines führt der Göttin ihren Bräutigam zu. Mit erhobenem Haupt und ausgebreiteten Armen geht ihr Dumuzi freudig entgegen.

Nach der Heiligen Hochzeit erfahren wir aus Inannas Mund, wie groß ihrer beider Freude und ihr Vergnügen war, als sie fünfzigmal beieinanderlagen. Jedoch:

Nun ist mein Geliebter satt. Nun spricht er:
Laß mich frei, meine Schwester.
Meine liebe Schwester, ich will zum Palast gehen.
Laß mich frei!
Inanna sprach:
Mein Blütenträger, schön war deine Erscheinung!
Mein Blütenträger im Apfelgarten, mein Fruchtträger,
Dumuzi-abzu, schön war deine Erscheinung!

Die Liebe hat ihre Zeit
Von den Mond-Rhythmen

Für Inanna und Dumuzi ist die Zeit reif. Üppig bringt die Natur Blatt, Blüte und frühe Frucht hervor, der Weizen reift, der Salat wächst, die Apfelbäume blühen, der Hirt freut sich über die frische Milch und die Güte von Sahne und Käse. Alle Sinne sind erwacht und bereit.

Inannas Bruder, der Sonnengott Utu, der ihr bei ihrem Problem mit den Bewohnern des HULUPPU-Baumes nicht helfen wollte, hat jetzt seine Rolle als Initiator für seine „jüngere Schwester" gefunden. Er hat den Überblick und steuert die Blüte- und Reifezeiten auf der Erde. So weiß er, daß Inanna für die Liebe reif ist. Er führt die Phantasie seiner Schwester vom lieblichen Anblick des reifen Flachses bis hin zum fertig gewebten weißen Brauttuch, und Inanna versteht. Wer wird ihr Bräutigam sein, mit dem sie das Brauttuch einweiht?

„Alles unter der Sonne hat seine Zeit." Utu wirkt hier als Bewußtmacher, weil Inanna für die Liebesbegegnung reif ist. Sie braucht keinen Mann aus einem „blinden" Trieb – das ist wohl der Grund, warum Gilgamesch, der sich am HULUPPU-Baum für sie mit der rohen Instinktwelt auseinandersetzte, nicht ihr Liebhaber wurde –, noch folgt sie dem narzißtischen Bedürfnis nach der Bestätigung ihrer Schönheit – das wäre wohl vor ihrem Besuch bei Enki ihre Gefahr gewesen, als sie sich selber applaudierte. In unserem Mythos erinnert zwar der Sonnenbruder seine Schwester an ihren Lebensrhythmus – doch als Mondin weiß sie auch selbst um die rechte Zeit.

Der Mond war schon immer der Rhythmiker am Himmel und lehrte die Menschen, auf seine Regeln zu achten: auf den Rhythmus von Ebbe und Flut (im etwa dreizehnstündigen Wechsel), auf regelmäßige Wetterveränderungen, auf den 28-Tage-Rhythmus des weiblichen Organismus und des Gemüts entsprechend dem Mondumlauf von etwa 29 Tagen; auf die halbe Phase von vierzehn Tagen (Neumond bis Vollmond) und die „Viertelzeit" von sieben Tagen, unsere Woche. Zu allen Zeiten regte der Mond die Menschen an, nach ihren Mond-Beobachtungen die Zeit zu messen und einen Kalender zu führen. Nach den Monderscheinungen konnten sie das Zählen lernen, etwa so: Bei klarem Himmel kann man den Mond an 23 von 28 Tagen sehen. Für etwa fünf Tage verschwindet der Mond, dessen Sichel immer mehr abnimmt, im Strahlengewand der Sonne, er ist zum Dunkelmond geworden. Am dritten Tag nach Dunkelmond kann man die zarte Sichel des Neumonds links von der untergehenden Sonne auftauchen sehen. In den folgenden zwölf Tagen geht er auf seine Vollmondgestalt zu – bis etwa zum fünfzehnten Tag des Zyklus ist er ganz rund und voll. Mit der Gabe, die Mondphasen zu berechnen, wurde der Mensch Herr über seine Zeit, nach der er nun Saat und Ernte oder die Schwangerschaften von Mensch und Tier berechnen konnte.

Die Sprache verrät bis heute diese uralte Beziehung des Messens und des engagierten und planenden Denkens zum Mond. Von der indogermanischen Ursilbe *MA und deren Abwandlungen *MAN, *MAT, *ME und *MEN leiten sich unter anderem folgende Wörter der indogermanischen Sprachfamilie ab: griechisch: MĒNIS (Zorn, Mut), MENOS (Vorsatz, gerichtetes Denken); altindisch: MANAS (Sinn, Geist, Seele, Mut, Zorn) und MĀNU (Mensch), vgl. lateinisch: HUMANUS (menschlich, Mann); altindisch: MĀTAR; griechisch: MĒTER; lateinisch: MATER (Mutter) – vom letzteren: Materie; schließlich finden wir die Bedeutung „Zeitmessung" in griechisch: METRON (Meter, Maß), MĒNE (Mond); mittelhochdeutsch: MÂNE; neuhochdeutsch Mond.[8]

Und die ME, die Geistesgaben Inannas? Ob das sumerische Wort ebenfalls von der Ursilbe abstammt, ist mir leider nicht bekannt; aber einleuchtend wäre es.

Auch wenn der Mond von Wolken bedeckt ist, können wir ihn und seine Phasen – noch genauer: seinen Phasenwechsel – an Leib und Seele spüren. Johannes Kepler, der Astronom und Mathematiker, klagte in einem Brief von 1601, er habe Trost nötig, weil er sich krank und unzufrieden mit sich selber fühle. Und fügte hinzu: „Der einzige Mond bereitet mehr Schwierigkeiten als alle anderen Planeten zusammen." Vielleicht hat der Mond den genialen und gewiß überarbeiteten Forscher an seinen inneren Rhythmus erinnert, den er als Vielbeschäftigter nicht beachtete? Einen anderen genialen und vielbeschäftigten Forscher und Dichter, der wohl mit seinem inneren Rhythmus im Einklang war, inspirierte das Licht des Mondes zu einem Mond-Gedicht, in dem er den Mond anspricht: „...lösest endlich auch einmal / meine Seele ganz" (Goethe). Auf solche Auswirkungen der Mondphasen komme ich noch zu sprechen.

Am deutlichsten haben die Frauen seit Menschengedenken den Mond als Rhythmiker verstanden und ernst genommen, denn sie spürten seine Wirkung in den elementaren Vorgängen der sexuellen Lust, der Empfängnis, der Geburt und der Mensis. Daher stammt unser Wort „Mutter" ja auch von der Ursilbe °MA ab. Altes Wissen um diesen Zusammenhang spiegelt sich darin, daß zum Beispiel die Mond-Göttin Artemis bei den Geburten um Hilfe gerufen wurde:

Königin, höre mich an,
Vielgerufene Tochter des Zeus ...
Göttin Diktynna, dem Kindbett hold;
Helferin in den Wehen,
Selbst aber dem Kindbett fremd ...
Orthia, Helferin bei der Geburt ...

(Orphische Hymne, Der Artemis)

Auf den Vorgang der Geburt weisen offenbar auch die beiden göttlichen Beinamen der Artemis – Diktynna und Orthia – hin. Sie ist es, die zur rechten Zeit die Wehen einleitet – schmerzhaft und so manches Mal todbringend für die werdende Mutter ebenso wie die spitzen Pfeile, die die Göttin schickt. Doch auch heilbringend für das werdende Leben, denn sie schickt die Wehen zur rechten Zeit.

Hier spricht die mythische Erfahrung von Jahrtausenden. Was sagt der heutige Stand wissenschaftlicher Erforschung der Mondwirkungen auf die weibliche Fruchtbarkeit? Schon zu Beginn des Jahrhunderts konnte der schwedische Gelehrte Svante Arrhenius (Nobelpreis 1903) diese nachweisen. Seine kritischen Auswertungen von 24 000 statistisch erfaßten Geburten in Schweden ergaben, daß sich die Geburten deutlich zur Vollmondzeit und zu Neumond häufen. Andere Forscher und vor allem Erfahrungen von Hebammen und Krankenschwestern an Kliniken bestätigen dieses Ergebnis. Aus Neugier habe ich einmal alle mir verfügbaren Geburtsdaten – etwa 30 – daraufhin untersucht und fand bestätigt, daß die überwiegende Zahl um Vollmond oder um Neumond geboren ist. (Im Horoskop zeigen sich diese beiden Mondphasen an der Stellung des Mondes im Verhältnis zur Sonne. Steht er in Sonnennähe oder Konjunktion, war bei der Geburt Neumond; die Oppositionsstellung zeigt Vollmond an.) Dem entspricht natürlich auch ein Zusammenhang des Mondzyklus mit dem Eisprung und der monatlichen Menstruation. Auch dies wurde durch Arbeiten der Frankfurter Wissenschaftler Heinrich Guthmann und Oswald in den dreißiger Jahren bestätigt: Sie fanden eine starke Häufung des Menstruationstermins zu Voll- und Neumond. Die beiden Wissenschaftler folgerten, es sei „kein Zweifel daran, daß dieser Rhythmus der Auslösung der Menstruation zeitlich dem Mondphasenverlauf koordiniert ist".[9] Auch der Stärke und besonderen Zusammensetzung des Mondlichtes soll dabei eine Bedeutung zukommen.[10]

Und schließlich ist auch die Dauer der Schwangerschaft von jeher nach dem Mond gemessene Zeit: Neun Monate (265 Tage) entsprechen recht genau der Zeit von neun synodischen Mondmonaten, also von neunmal 29,5 Tagen. Die Neun ist die Zahl der griechischen Mondgöttinnen![11]

Auf diesem Feld lohnt es sich gewiß, eigene Beobachtungen zu machen. Dafür ist vielleicht noch von Nutzen zu wissen, daß die Mondphase, die bei unserer Geburt mitspielte, auch weiterhin unser Befinden beeinflußt. Zu solchen Erkenntnissen und ihrer Deutung hat vor allem die Biorhythmik – die Errechnung der „Höhen und Tiefen der persönlichen Lebenskurven" – eine Menge beigetragen.

Da in unserer Gesellschaft natürliche Lebensrhythmen wenig gelten und eher störend für genormte Abläufe wirken, lernen wir auch nicht, darauf zu achten, und halten oft für Krankheit, was nur einen Wechsel in der Energie darstellt – oder wir werden krank, weil wir ständig gegen unseren Rhythmus leben.

Inanna ist mit sich im Einklang – im „Hoch" ihrer

Vollmondphase – als sie Dumuzi begegnet. Utus Werbung für ihn weist sie zunächst zurück, denn sie läßt sich nicht verheiraten und trifft ihre eigene Wahl. Doch für die Person Dumuzi selbst ist sie empfänglich. In dem Wortgefecht, das beide austragen, entsteht das Kraftfeld der gegenseitigen Anziehung:

Als sie ihren Streit begannen,
Kam das Liebesverlangen.

Wo Reibung ist, entsteht Wärme; die starke Energie, die im Streit wirksam ist, kann zu intensiver Wahrnehmung der eigenen Individualität und der des Gegenübers führen, so daß man einander mehr spürt. So ergeht es Inanna und Dumuzi. Inanna empfindet die Polarität ihres eigenen mondhaften zu seinem sonnengleichen Wesen (er ist Utu ebenbürtig) und spürt Verlangen.

Wer schützt und nährt
die mondhafte Seele?

Um ihrer Entscheidung ganz sicher zu sein, holt sie den Rat ihrer Mutter, der alten Mondgöttin Ningal, ein. Ningal unterstützt die Entscheidung des jungen Mondes, so daß Inanna im Geist des Mondes handelt und sich selbst treu bleibt. Zu ihrem Wesen gehört es, wenn wir die Worte ihrer Mutter ernst nehmen, daß sie bei aller Eigenwilligkeit die Gewißheit braucht, von ihrem Bräutigam beschützt und genährt zu werden. Diese Gewißheit gibt ihr ihre Mutter, daß er für sie sorgen werde wie Vater und Mutter.

Also ist das empfängliche, wandlungsfähige Mondwesen in unserer Seele nicht autark und stabil, sondern verletzlich. Es bedarf eines schützenden Raumes, wo es sich entfalten kann, und, wie eine Schale, der Gewißheit, gefüllt und beschenkt zu werden. Dies ist das Kind in Inanna – und das Kind in uns, das im reifen, selbstverantwortlichen Erwachsenen mit zarter Stimme wirbt und umsorgt werden will. Schlechte Laune mag oft daher rühren, daß wir dieser Stimme keine Beachtung schenken, und das innere Kind rächt sich mit Schmollen. Die Laune stammt von Luna, der Mondgöttin, auch sprachlich ab (lat. LUNA, mhd. LÛNE, nhd. Laune)!

Ich erinnere mich an eine Erfahrung vor einigen Jahren, die mich gelehrt hat, das innere Kind zu beachten und zu nähren, wenn es sich meldet. Es fiel mir damals schwer, morgens aufzuwachen; am liebsten hätte ich mich unter die Bettdecke verkrochen, denn der Weg zur Schule, wo ich unterrichten sollte, lag bedrohlich vor mir – und das ohne ersichtlichen Grund. Ich wartete bis zum Aufbruch immer bis zur letzten Minute und kam dementsprechend oft zu spät. Alle Mittel von kalter Dusche bis Kaffee halfen nicht – dies Gefühl, dem Tag schutzlos ausgeliefert zu sein, blieb. Da fand ich zufällig heraus, was mir, nein, dem Kind in mir fehlte: eine Art Schutzraum, der mich noch eine Weile aufnimmt, trägt und nährt, bis ich mich stark genug fühle, die Initiative wieder selbst zu ergreifen. Das war kein realer Mensch, auch keine väterliche oder mütterliche Ersatzfigur, sondern eine überpersönliche Kraft mit persönlichen Zügen: Ich hörte jeden Morgen eine halbe Stunde Musik von Johann Sebastian Bach. In ihr fand ich Nahrung für den inneren Mond. Bach war sozusagen der geistige Vater und seine Musik die Mutter für das Mondkind in mir. Aus diesem wunderbaren Raum

der Musik konnte ich dann genährt, geborgen und ge-
stärkt meinen Weg antreten und andere Leute „nähren". Diesem „Ritual" folge ich noch heute.

Das Hohelied im blühenden Garten
der Liebe

Mit der mütterlichen Stärkung im Rücken bereitet
sich Inanna für den Garten der Liebe vor, reinigt, salbt
und schmückt sich. Sie ist nicht nur die liebende Frau,
sondern gleichzeitig die Göttin der Liebe und Fruchtbarkeit: In ihrem weißen Mondgewand leuchtet sie vor
Dumuzi, die blaue „Halskette der Fruchtbarkeit" hat
sie um ihren Hals gelegt. In der orientalischen Liebespoesie ist „der Mond in seiner Fülle" das Urbild weiblichen Liebreizes schlechthin.

Im Garten der Liebe ist alles Äußere vergessen, in
Dialog und Wechselgesang entfaltet sich zwischen Inanna und Dumuzi Liebespoesie und ein erotisch-mysti-
sches „Hohelied". Wie im „Lied der Lieder" des Alten
Testamentes erleben Inanna und Dumuzi die göttliche
Schöpfungswonne und bilden sie gleichzeitig den Menschen vor. Von dem göttlichen Liebespaar können sie
die Liebeskunst erlernen, nichts wird hinter einer
Mauer der Verschämtheit verborgen, sondern das kulti-
sche Liebeslied verkündet es:

Was ich zu dir spreche,
Laß die Sänger in ihre Gesänge weben.
Was ich zu dir spreche,
Laß fließen von Ohr zu Mund,
Von alt zu jung.

An der schöpferischen Kraft, die zwischen beiden entsteht, nehmen Himmel, Erde, Mensch, Tier- und Pflanzenwelt teil und leben aus ihr. Diese Liebesbegegnung ist reales Ereignis und zugleich schöpferisches Symbol. Wie alle religiöse Erotik kann sie „nur von dem einen großen Gedanken aus verstanden werden: Die Liebesumarmung ist heilig. Sie ist es *an sich,* als zeugender Urquell des Lebens, und sie ist es *als symbolische* Handlung, in der sich die kosmische Brautnacht des Weltanfangs, das Mysterium der Weltschöpfung wiederholt".[12]

Inanna spricht als erste ihr Verlangen aus: Der Mann ihres Herzens soll sie fruchtbar machen, ihren Leib und ihr ganzes Wesen. Ihr Verlangen und ihre Bereitschaft entzünden Dumuzis Energien, er blüht auf als „ein Blütenträger im Apfelgarten", wie sie ihn später nennt. Hier gibt es kein Erobern, keiner macht den anderen den eigenen Wünschen willfährig, sondern Geben und Nehmen, männliche und weibliche Energien sind gleich stark, sie erregen und stillen einander im Wechselspiel. Alle Sinne sind erwacht, und beide füllen einander völlig aus, tauschen ihre Schätze als „Bruder und Schwester" – Namen der Vertrautheit in vielen alten Liebesliedern.

Doch bei aller innigen Vertrautheit bleibt Inanna die inspirierende Himmelskönigin:

Inanna, die Eingeborene Tochter des Mondes,
  entschied Dumuzis Geschick.

Sie verspricht ihm Geleit und Unterstützung im Kampf als seine „inspirierende Muse". Sie leiht Dumuzi ihre Stimme und ihr Wissen in der politischen Versammlung als seine „Advokatin". Sie verwaltet die ME des Königtums und befähigt den König, sein Amt zu führen, die Kultur von Uruk aufzubauen, den religiösen Kultus zu pflegen und die Stadt im Kampf zu verteidigen.

Inanna verkörpert also ein weibliches Prinzip, das sich sinnlich-schöpferisch und zugleich geistig-inspirierend ausdrücken will. Wir erleben in diesem Text ein sehr frühes Zeugnis weiblichen Geistes und weiblicher Weisheit, die den ganzen Menschen umfaßt und all seine Gaben zum Erblühen bringt. Dies Zeugnis ist noch nicht von der späteren „patriarchalischen" Interpretation entstellt, noch nicht mit negativen männlichen Projektionen versehen, wie wir es schon in den späteren Mythen von der babylonischen Göttin Ischtar beobachten können. Ischtar ist eine Inanna im Zerrspiegel: Das Göttlich-Weibliche in ihr ist bereits verzerrt und dämonisiert. Von Ischtar heißt es, sie locke als Abendstern Mann und Frau ins Bett und als Morgenstern die Männer zum Kampf; sie ist als Liebes- wie als Kriegsgöttin dämonisch, eitel, aggressiv und heimtückkisch.[13]

Inanna und Dumuzi aber offenbaren die Fülle ihrer Gaben: „O Dumuzi, deine Fülle ist mein Entzücken!" Ausdruck dieser Freude ist der ekstatische Tanz. Schon immer haben die Vollmondnächte die Menschen, besonders die Frauen, zu Tänzen angeregt. Tanzend kann sich der Mensch in seinem ganzen Wesen ausdrücken und mit den anderen kommunizieren. In einem altgriechischen Gedicht, das der Mondgöttin Artemis gewidmet ist, wird die musikalisch-tänzerische Verbundenheit der gesamten Natur im Vollmondlicht besungen:

Bei Vollmond dir zu Ehren tanzen
Tiere und Pflanzen.

Die Heilige Hochzeit

Die Heilige Hochzeit der Liebesgöttin mit dem sterblichen König beendet und krönt die Liebesbegegnung. Sie gilt als heiliger Dienst für das Land, und deshalb führt Inannas Dienerin Ninschubur Dumuzi in das Brautbett Inannas. Er ist der Garant der schöpferischen Erneuerung und der Lebensenergie für das ganze Volk und die Natur. Von nun an hat Dumuzi den Beinamen ABZU – „von der Tiefe" – wie sein Vater Enki, der über der Tiefe wohnt.

Seine Aufgabe als Königsgemahl der Göttin ergreift Dumuzi sofort. Wir erfahren es aus Inannas Mund in einem fast wehmütigen Nachgesang:

Nun ist mein Geliebter satt.
Nun spricht er:
Laß mich frei, meine Schwester...
Ich will zum Palast gehen.
Dumuzi-ABZU, schön war deine Erscheinung.

Inanna weiß, daß die Zeit der Fülle nun vorbei ist und sie abgeben und abnehmen muß. Doch sie läßt die Begegnung mit Dumuzi in sich nachklingen, sie, die noch lange nicht „satt" ist, wenn sie „fünfzigmal" geliebt hat. Die Zahl 50 gilt im alten Orient und noch in Griechenland als symbolische Zahl der schöpferischen Vollendung, die einen Neubeginn ermöglicht: sieben mal sieben (49) ergibt den vollendeten Zyklus; mit der zusätzlichen Eins ist der Impuls zu einem neuen Anfang gesetzt. (Vgl. den siebten Tag als Sabbatruhe Gottes, das siebte Jahr als Sabbatjahr!) Damit erkennen wir in Inannas Heiliger Hochzeit ein kosmisches Ereignis, das sich zyklisch wiederholt.

In Sumer wurde dies Ereignis als ein alljährliches Ritual begangen: als Heilige Hochzeit des Königs mit der Hohepriesterin aus Inannas Tempel. Beim Vollzug dieses frohen Rituals erklangen die Gesänge Inannas und Dumuzis, die wir in diesem Kapitel kennengelernt haben. So wurde Inannas göttliche Liebeskraft und Lebensenergie alljährlich erneuert, und wenn die Menschen den Weg und die wechselnden Gestalten des Mondes am Himmel sahen, waren sie sich der Gegenwart und wirkenden Kraft ihrer Göttin gewiß. Sie mögen sie gespürt haben als Kraft des Wachsens und Reifens, der Wandlung, der Liebeshingabe, der Lebensfreude und der Inspiration.

In hoher Freude entflammt
Vollmond-Erfahrungen der Seele

> Wer sich dem nicht hingeben kann,
> hat nie gelebt, und wer darin untergeht,
> hat nichts verstanden.
>
> *Marie-Louise von Franz*

Überwältigt von Liebe

Die Liebespoesie aller Völker und Zeiten kann ohne ihn/sie nicht auskommen: den Vollmond, die Mondin in ihrer Fülle. In den hellen Vollmondnächten wollen Liebende, Freunde, Gleichgesinnte zueinander, und wenn sie beieinander sind, mögen sie sich gar nicht trennen. In dieser Zeit getrennt zu sein wird besonders bitter empfunden, und leicht kann das Gesicht des Mondes als kalte Teufelsfratze erlebt werden, die einen noch verhöhnt – oder einem den Verlust noch schmerzlicher bewußt macht. Wie der Mond der Fülle sein ganzes Gesicht der Erde zuwendet – er dreht es ja wirklich niemals ab, es ist immer das gleiche „Gesicht" –, so zieht es auch die verbundenen Menschen zueinander. Man will nicht allein glänzen, sondern sich gegenseitig bescheinen und beglücken.

Friedrich Rückert hat diese gegenseitige Anziehung von Mond und Erde, von Inanna und Dumuzi, von zwei Liebenden in einem schönen Gedicht gestaltet, das die Mondmythologie ideal ergänzen kann. Er, der Mann, nimmt die Rolle der Erde – Dumuzis – an, die Frau ist wie Inanna die Mondin, die „Liebesfackel", die um die Erde kreist:

69

Du bist mein Mond, und ich bin deine Erde;
Du sagst, du drehest dich um mich.
Ich weiß es nicht, ich weiß nur, daß ich werde
In meinen Nächten hell durch dich.

Du bist mein Mond, und ich bin deine Erde;
Sie sagen, du veränderst dich.
Allein du änderst nur die Lichtgebärde
Und liebst mich unveränderlich.

Du bist mein Mond, und ich bin deine Erde;
Nur mein Erdenschatten hindert dich,
Die Liebesfackel stets am Sonnenherde
Zu zünden in der Nacht für mich.

Mit genauer Beobachtung und einer herzlichen Fein-
fühligkeit spricht der Dichter den „Mond-Schatten" an,
mit dem wir nicht so gern etwas zu tun haben wollen,
weil er unser Ideal der allzeit treuen Liebe in Frage
stellt und uns an die Vergänglichkeit des Gefühls erinnert. Oft wird die Mondin dafür getadelt und gefürchtet
und gilt als launisch und wechselhaft, zum Beispiel in
Shakespeares Drama „Romeo und Julia". Romeo
schwört beim Mond, der ihrer beider Begegnung zu-
sieht, doch Julia bittet ihn ängstlich: „O schwöre nicht
beim Mond, dem wandelbaren, der immerfort in seiner
Scheibe wechselt..." Unser Gedicht hingegen sucht
keine Schuld beim Mond, der ja nur die sichtbare
„Lichtgebärde" verändert, nicht aber die innere Liebeskraft. Der Liebende nimmt hier den Schatten auf
sich und erkennt in seiner eigenen Erdenschwere und
-dichte das Hindernis der Liebe. Bei Vollmond fällt es
vielleicht nicht so schwer wie im grellen Tageslicht,
seine dunkle Seite anzunehmen, denn die „Liebesfak-
kel" leuchtet ihm und erinnert ihn daran, daß er wie

der Mond eine freundliche vordere und eine versteckte rückwärtige Seite hat, einen „Erdenschatten". Die Sprache des Gedichtes ist Vollmond-Sprache: Der Liebende erkennt und preist das Licht seines Gegenübers, er öffnet sich ihm und läßt sich von seiner Schönheit berühren. Sich selbst gegenüber geht er nicht so streng ins Gericht wie unter den Normen des Tages. Er sieht auch sich selbst runder und in milderem Licht, im Licht der Selbstannahme und Einsicht.

Die Liebesfülle Inannas kann auch beängstigende Ausmaße annehmen. Sie kann uns in solche Höhen und Tiefen entführen, daß es scheint, als ob wir völlig den Boden unter den Füßen verlieren und damit unsere Selbstkontrolle. Doch lehren uns Inanna und Dumuzi, daß solche Erfahrungen nicht „ewig" dauern, sondern wie alles Lebendige – und wie die Mondin – ihre Zeit und ihren Rhythmus haben.

Gegen die Erfahrung des Liebesrausches ist kein Kraut gewachsen, wie jeder und jede weiß, der oder die einmal das Reich der Liebesgöttin betreten hat. Ein kluger Mann, der auch mit ungewöhnlichen Lebenssituationen gut umgehen konnte, verglich sich selbst während einer solchen Ergriffenheit mit einem Artisten in der Zirkuskuppel der Gefühle, wo eine ganz andere Kunst gefragt ist als die „reale" auf dem „Erdboden" – Rilke nennt diese Kunst die „kühnen hohen Figuren des Herzschwungs" (Fünfte Elegie). Ein anderer Mensch erfuhr seine Liebe wie eine Woge, eine überpersönliche Kraft, die ihn und seine Gefährtin erfaßte und untertauchte, so daß beide nicht wußten, ob und wie sie je wieder auftauchen könnten. Diese und ähnliche Bilder haben Liebende schon immer gebraucht, um ihren „Ausnahmezustand" zu verstehen und mitzuteilen. So wirkt sich die Vollmond-Energie

Inannas in den Menschen aus, die zur Hingabe an die Liebe bereit sind.

Inanna versteht es, mit Fluten und Wogen von Gefühl umzugehen, in die sie die Liebenden zeitweise taucht, so daß ihnen Hören und Sehen vergeht. Damit ist es ihr ernst: Sie verlangt wie alle Liebesgöttinnen völlige Hingabe und Versunkenheit und duldet nichts Halbes. „Die Liebe enthüllt ihre höchsten Geheimnisse und Wunder nur dem, der der unbedingten Hingebung und Treue des Gefühls fähig ist" (C. G. Jung). Als Mondgöttin weiß sie aber auch um die rechte Zeit, die Gezeiten des Gefühls, und wird „die Springflut" in ein „normales Hochwasser" oder auch eine „Ebbe" übergehen lassen. In der Zeit der Versunkenheit weiß allerdings niemand, ob und wie er oder sie wieder auftauchen kann; das ist das Zeichen der vorbehaltlosen Hingabe.

In solchem Erleben verbinden sich nicht nur zwei bewußte Personen, Mann und Frau, miteinander und erleben sich gegenseitig, sondern zugleich spielen ihre unbewußten inneren Bilder mit, die aus ihrer jeweiligen Seelengeschichte stammen. Meist ruhen sie in tieferen Schichten der Seele, werden aber bei solchen Begegnungen aktiviert. Im Mann ist es die „Traumfrau", „Liebesgöttin" oder „Seelenbraut", nach der er Ausschau hält und sich sehnt; in der Frau der „Traumprinz", ihr „innerer Geliebter", ihr Initiator oder „Seelenführer", der sie aus dem Dornröschenschlaf zu erwecken vermag. Diese beiden ersehnten und als Seelenpartner empfundenen Gestalten gehen mit dem realen Gegenüber des anderen Geschlechts eine enge Verbindung ein, verschmelzen zeitweise mit ihm und umkleiden den geliebten Menschen mit einem überpersönlichen Glanz. Die reale Frau kann dann zu Inanna und der Mann zu Dumuzi werden – wie im Ritual der Heiligen Hochzeit, wenn sich König und Hohepriesterin verbinden. Dem ist mit Logik nicht beizukommen, auch nicht „mit gesundem Menschenverstand", denn hier wirken überpersönliche Kräfte, und das kleine Ich hat nicht viel zu melden. Es zeigen sich in der Seele des Liebenden und im Widerschein auf der Gestalt des Geliebten die großen, ewigen Bilder der Seele. Marie-Louise von Franz sagt dazu: „Wenn ein Mensch nicht das Ewige, das in der Liebe wohnt, ahnend erfaßt, so macht er leicht daraus eine persönliche Tragödie, und dann ist wieder einmal ein Funke vom ewigen Feuer in einem Tümpel verloschen."[14] Dieser „Funke vom ewigen Feuer" ist ein Funke von Inannas „Liebesfackel", eine Gnadengabe. Doch verlangt es einen langen Atem und „vollmondhafte" Einsicht in das Wirken der Seele, beides in der Liebe zu bejahen: das Alltägliche und Reale sowie das Ewige. „Wer sich dem nicht hingeben kann, hat nie gelebt, und wer darin untergeht, hat nichts verstanden."[15]

Umhüllt von der Göttin

Die griechische Göttin des vollen Mondes ist Selene, „die Strahlende". Wie Inanna ist auch sie eine Liebesgöttin und ein Geist der Inspiration. Von ihr erzählt der Mythos, daß sie bei ihrer Wanderung über den Nachthimmel hinter dem Gebirgsrücken des Latmos (Kleinasien) verschwindet. Dort besucht sie ihren Geliebten, den schönen Hirten Endymion („der Eingehüllte"), den sie immer in seiner Höhle findet. Dort ruht er, der Unsterbliche, in ewigem Schlummer versunken, jedoch mit weit geöffneten Augen. In dieser Hingegebenheit kann er Selene empfangen und sich von ihrem Lichtmantel ganz einhüllen lassen – wie es sein Name sagt. Mit seinem weit offenen Blick ist er seelisch empfänglich und erhält vom Mond Ein-Gebungen und Inspiration. So zeugt er mit Selene 50 Töchter – wir kennen die Zahl schon aus Inannas Mythos als schöpferische Vollzahl: sieben mal sieben plus eins. Diese Töchter sind die Zahl der Monate einer olympischen Periode. Also ging aus seiner Verbindung mit der Mondin das Zeitmaß einer der wichtigsten kulturellen Einrichtungen der Griechen hervor, die bis heute eine wichtige Rolle spielen: des Festes der Olympischen Spiele, das alle vier Jahre (ursprünglich alle 50 Monate) stattfindet.

Endymion galt als Hirtenkönig von Elis, der peloponnesischen Landschaft, wo die ersten Olympischen Spiele gefeiert wurden. Beide, Dumuzi und Endymion, sind Hirtenkönige, die durch die Liebesverbindung zur Mondgöttin inspiriert und zu kultureller Kreativität angeregt werden. Die Repräsentanten der Hirtenkultur wurden durch die Göttin zu „Hirten der Menschen", zu Königen der Stadtkultur. Sie erfuhren die geistig-schöpferische Kraft der Mondin und zeigen uns damit, wie lebenswichtig es ist, die inneren Augen zu öffnen und uns vom Seelenlicht des Mondes erfüllen zu lassen. Aus diesem erwächst wie die Vegetation auch die Kultur und die Kreativität sowie spirituelle Hingabe.

Eine spirituelle Liebesbeziehung zum Mond hatte auch der Baalschem, der jüdische Mystiker des 18. Jahrhunderts. Er war der geistige Führer der Chassidim, „die die Welt lieben in Gott". Von ihm, seinen tanzenden Freunden und von der Mondin erzählt eine chassidische Erzählung:

„Der Baalschem ist einmal am Ausgang des Versöhnungstages schwer bekümmert, weil der Mond sich nicht sehen läßt und er daher ‚die Heiligung des Mondes' nicht sprechen kann, die gerade in dieser Stunde, einer Stunde großer drohender Gefahren für Israel, eine besondere Heilswirkung tun würde. Umsonst strengt er seine Seele an, eine Änderung am Himmel herbeizuführen. Da beginnen seine Chassidim, die davon nichts wissen, wie alljährlich um diese Zeit zu tanzen, in hoher Freude um den nun beendeten Festdienst ihres Meisters, der wie der Dienst des Hohepriesters im Heiligtum war. Sie tanzen im Haus des Baalschem erst im Außenraum, vor Begeisterung dringen sie in seine Stube und umtanzen ihn. Endlich, zutiefst entflammt, bitten sie ihn, selber mitzutanzen, und ziehen ihn in den Reigen. Da zersprengt der Mond das dichte Gewölk und erscheint in wunderbarer Reinheit. Die Chassidim haben mit ihrer Freude bewirkt, was der Seele des Zaddiks (des heiligen Mannes, die Verf.) in der äußersten Anspannung nicht gelungen war."[16]

Diese Erzählung zeigt sehr eindrucksvoll das Wesen der Mondin und welche Art Beziehung ihr gemäß ist: die spirituelle Begeisterung, in der man „zutiefst entflammt" ist. Nicht von der geistigen Anstrengung und dem ernsten Dienst wird sie angezogen, sondern von „der hohen Freude" des Tanzes. Da ist sie dabei und strahlt am Himmel in wunderbarem Glanz – dem Liebesglanz der Göttin Inanna. Ihre Atmosphäre ist es, wenn wir innerlich gelöst und empfänglich sind und uns der Freude hingeben, auch der Freude des Tanzes, die den ganzen Menschen ergreift.

Für eine andere Wirkung der Mondin in ihrer Fülle ist diese chassidische Erzählung ein gutes Beispiel. Der Mond-Segen gilt als der krönende Abschluß des Versöhnungsfestes, und in Zeiten der Gefahr kommt ihm eine besondere „Heilswirkung" zu. Wie wir sahen, ist es die Eigenart des vollen Mondes, Liebende und Gleichgesinnte miteinander zu verbinden. Das geschieht, wenn die Chassidim sich in religiöser Freude mit ihrem Meister vereinigen. Diese konzentrierte Liebesenergie ist von großer spiritueller Kraft und gerade in Zeiten der Gefährdung not-wendig. In dem Bewußtsein, daß durch die ökologische und ökonomisch-politische Weltlage die Zukunft verfinstert ist und nur konzentrierte Energie der Liebe und Meditation noch „Heil" und Heilung bewirken kann, hat sich eine spirituelle Friedensbewegung rund um den Erdball gebildet, die allmonatlich zur Vollmondzeit für den Frieden meditiert und eine heile und friedliche Welt imaginiert. Diese Meditation zur Vollmondzeit – für die es wegen der Zeitverschiebung eine Weltzeit-Tabelle gibt – ist ein altes Ritual, das nicht nur von den Chassidim am Versöhnungsfest begangen wird, sondern bis heute unter anderem auch von vielen Indianern. Sie entzünden in der Vollmondnacht ein Feuer, um den einzelnen und die gemeinschaftlichen Beziehungen von allen Lasten und Verstopfungen zu reinigen und sich innerlich zu klären. Reinigung, Gebet und Meditation sind Kennzeichen dieses indianischen Vollmondrituals, das wahrscheinlich mit dazu beigetragen hat, daß sich heute spirituell suchende und verantwortliche Menschen weltweit wieder auf diese Heilswirkung des Vollmondes besinnen. (Ich persönlich habe die Vollmond-Friedensmeditation bei Menschen kennengelernt, die mit Schamanen und religiösen Führern aus aller Welt zusammenarbeiten.)

Der abnehmende und der Dunkelmond

Inannas Abstieg zu ihrer Schattenschwester Ereschkigal

> Alles Menschliche will Dauer,
> Gott will Verwandlung.
>
> *Ricarda Huch*

*Aus dem Großen Oben spitzte Inanna die Ohren
und horchte in das Große Unten.*

...

*Meine Herrin verließ Himmel und Erde
und stieg in die Unterwelt hinab.*

...

*Sie verließ ihr Amt als heilige Priesterin
und stieg in die Unterwelt hinab.*

Inanna nahm Abschied von ihren sieben Tempeln in den sieben Städten des Landes. Sie bereitete sich vor, indem sie ihre persönlichen sieben ME anlegte, ihren heiligen Schmuck und ihre göttlichen Attribute: die SCHUGURRA-Krone, ihre Lapislazuli-Halskette der Fruchtbarkeit, ihr königliches Brautkleid, ihre Augensalbe mit Namen „Laß ihn kommen", ihren Brustschmuck „Komm, Mann, komm", ihr Armband, ihre Machtinsignien „Rute und Maß" aus Lapislazuli.

So bricht Inanna auf, von ihrer treuen Wesirin und Ratgeberin Ninschubur begleitet. Ihr gibt Inanna genaue Anweisung für den Fall, daß sie nicht aus der Unterwelt zurückkehrt. Dann soll Ninschubur an Inannas Statt laut Klage erheben und am Versammlungsplatz die Trommel schlagen. Zu den Vatergöttern An oder Enlil soll sie eilen und für Inanna bitten:

O Vater, laß nicht zu, daß dein glänzendes Silber
vom Staub der Unterwelt zugedeckt wird.
Laß nicht zu, daß dein köstlicher Lapislazuli
zerbrochen wird...

Wenn weder die Väter noch ihr Mond-Vater Nanna helfen wollen – was sie voraussieht –, wird es Vater Enki tun, denn:

Er kennt die Speise des Lebens,
er kennt das Wasser des Lebens,
Er kennt die Geheimnisse.
Er wird mich sicher nicht umkommen lassen.

Mit diesen Anweisungen schickt sie Ninschubur zurück und setzt ihren Weg allein fort. Als Inanna die äußeren Tore der Unterwelt erreicht, klopft sie laut an und fordert mit „wilder Stimme" Einlaß. Neti, der oberste Torhüter der Unterwelt, fragt sie nach ihrem Namen und dem Grund, daß sie „die Straße ohne Wiederkehr" betreten wolle. Sie sei „Inanna, die Himmelskönigin, auf ihrem Weg zum Osten" und komme wegen ihrer älteren Schwester Ereschkigal. Deren Gatte, der Himmelsstier Gugalanna, sei gestorben, und sie wolle an seinen Begräbnisritualen teilnehmen. Inanna muß warten, bis Neti ihren Wunsch vor Ereschkigal gebracht hat. Neti beschreibt Inanna als „die junge Frau, hoch wie der Himmel und weit wie die Erde und stark wie die Fundamente der Stadtmauern". Über dies Eindringen ihrer großen Rivalin ist Ereschkigal sehr erbost. Sie schlägt sich die Oberschenkel und beißt sich in die Lippe vor Zorn. Als sie über der Sache gebrütet hat, entscheidet sie:

Verriegele die sieben Tore der Unterwelt.
Dann öffne eines nach dem anderen einen Spalt
*   und laß Inanna ein.*
Nimm ihr die sieben ME ab.
Laß die Heilige Priesterin des Himmels
*   eintreten – tief gebeugt.*

So geschieht es. Am ersten Tor muß Inanna ihre Krone lassen. Sie fragt: „Was soll das heißen?" Ihr wird geantwortet:

Sei still, Inanna.
*   Die Wege der Unterwelt sind vollkommen.*
Hier werden keine Fragen gestellt.

Nacheinander wird nun Inanna all ihrer heiligen Insignien entkleidet.

Nackt und niedergebeugt betrat Inanna
*   den Thronraum.*
Ereschkigal erhob sich von ihrem Thron.
Inanna ging auf sie zu.
Die Annuna, die Richter der Unterwelt, umringten sie.
Sie fällten Urteile über sie.
Dann heftete Ereschkigal das Auge des Todes
*   auf Inanna.*
Sie sprach das Wort des Grimms über sie.
Sie schleuderte ihr den Schrei der Anklage entgegen.
Sie schlug sie.
Da war Inanna ein Leichnam.
Sie wurde als ein Stück verwesendes Fleisch
*   an den Wandhaken gehängt.*

Nach drei Tagen und drei Nächten war Inanna nicht zurückgekehrt. Ninschubur befolgte die Anweisungen und erhob Klage für Inanna. Sie trommelte und schlug sich ihr Gesicht, dann eilte sie vor den Thron von Vater Enlil. Dieser lehnte jede Hilfe ab: Wenn es sie nach „der Dunklen Stadt gelüste", solle sie dort bleiben. Ebenso reagierten die anderen Himmelsväter. Nur Enki war tief betroffen:

Was ist mit meiner Tochter geschehen?
Inanna! Königin aller Länder!
Heilige Priesterin des Himmels!
Ich bin voller Kummer und Gram.

Unter den Fingernägeln seiner beiden Hände holt Enki Schmutz hervor und formt daraus zwei geschlechtslose Hilfsgeister. Diesen gibt er die Speise des Lebens und das Wasser des Lebens und schickt sie damit in die Unterwelt. Wie Fliegen sollen sie durch die Ritzen der Tore unbemerkt eindringen. Enki weiß, daß dort Ereschkigal wehklagt wie eine Frau in den Wehen, nackt und bloß und ohne Beistand: „Ach, ach, mein Inneres! Ach, mein Äußeres!" Ihr sollen sie beistehen, mit ihr klagen und über ihre Schmerzen seufzen: „Ach, Königin, dein Inneres! O weh, dein Äußeres!" Das wird der Königin gefallen, und sie wird ihnen zum Dank ein Geschenk anbieten. Dann sollen sie nur den Leichnam auf dem Haken verlangen. Ihn sollen sie mit der Speise und dem Wasser des Lebens behandeln. Dann wird Inanna auferstehen. Wie Enki es vorhergesagt hat, so geschieht es. Ereschkigal ist so gerührt über diese Wesen, die mit ihr seufzen und klagen, daß sie ihnen das ungewöhnliche Geschenk herausgibt. Mit der Speise des Lebens, die sie Inanna einflößen, und dem Lebenswasser, das sie über sie sprengen, kehrt wieder Leben in sie ein, und sie will sich auf den Rückweg machen. Doch von den Richtern erhält Inanna die Auflage, einen Ersatz zu stellen, der an ihrer Statt in die Unterwelt zurückkehrt, denn deren Gesetze bleiben bestehen.

Ruf von unten und Inannas Antwort

Der Anfang dieses Kapitels in Inannas Mythos kann einen ratlos machen. Wie kommt sie dazu, aus eigenen Stücken den gefährlichen Weg in die Unterwelt anzutreten? Zu Ereschkigal vordringen zu wollen, der doch mit Recht – mit dem Recht des Lebendigen – jeder aus dem Wege geht? Zu ihr, die die Götter noch nicht einmal zu ihren Festmählern einladen, sondern ihr das Essen bringen lassen? Was treibt Inanna aus der Welt der Lebensfülle und des Lichtes hinunter in die Gegenwelt der tödlichen Einsamkeit, wo die Zeit stillsteht und blinde Emotionen herrschen? In diese Gegenwelt der städtischen Kultur und der ME?

Andere Unterweltfahrer – wie zum Beispiel Gilgamesch oder Orpheus – dringen in die Gegenwelt ein, um einen Menschen zurückzuholen, den ihnen der Tod entrissen hat, also um eines Verlorenen willen. Von Inanna heißt es, sie „spitzte ihre Ohren" – wörtlich übersetzt – und hörte etwas, als sie hinunterlauschte. Der Ruf, den sie da hörte, kam aus dem Mund der Unterwelt selber: von ihrer „älteren Schwester Ereschkigal" und dem toten Gugalanna, dem Himmelsstier. So jedenfalls lautet Inannas Antwort an den Wächter Neti, und wir haben keinen Grund, Inanna das nicht zu glauben. Die Große Tiefe ist ihr noch unbekannt, und als Göttin der Beziehung und der Empfänglichkeit hört

Inanna hin, wenn sie gerufen wird. Mit der gleichen Bereitschaft, mit der der Mond zu seiner Fülle und Rundheit wächst, entschließt er sich, den Weg in die Verminderung und Leere anzutreten. Inanna hält also nicht am Prinzip der Dauer oder des Status quo fest, sondern folgt dem lebendigen göttlichen Gesetz der Verwandlung. Die „Königin des Großen Oben" fühlt sich ohne „das Große Unten" unvollständig und will es um ihrer eigenen Ganzheit willen kennenlernen.

Wenn wir die Etappen dieses Weges betrachten, sehen wir, daß es die Etappen eines Übergangsrituals sind, das Inanna vollziehen muß. Es sind dies drei Stufen: Trennung und Abschied von der oberen Welt; Überschreiten der Schwelle zur unteren Welt und Erleiden des Todes; schließlich neue Einkörperung und Rückkehr ins Leben. Diese Stufen des Übergangs kennen wir aus den alten Kulturen, und sie haben sich bis heute bewährt für Menschen, die ihre Lebens-Übergänge bewußt gestalten und gelingen lassen wollen.[17] Auch bei Inanna geht es darum, die Verminderung und Verwandlung als Todes-Arten bewußt anzunehmen, um auf einer höheren spirituellen Ebene wiedergeboren werden zu können. Es ist ein einsamer und gefahrvoller Weg, deshalb gehen ihn nur wenige; doch der „Lohn" dieser Reise ist die Weisheit aus der Tiefe. Die Zurückgekehrten bringen dies neue Wissen der Seele und ihre Erfahrungen an der Todesschwelle zurück ins eigene Leben oder zu ihren Mitmenschen, denen sie es mitteilen. Nach alter schamanischer Weisheit ist es der Tod, der alles mit Leben erfüllt. Entsprechend kann dieses Wissen, wenn es integriert wird, die Angst vor dem Tod verringern und die Lebenskraft intensivieren. Angst vor dem Leben entsteht oft aus Angst vor dem Tod, vor der Ungewißheit des Endes sowie angesichts des Endes. In den todnahen Zuständen des Übergangs aber erfährt sich die Seele als unverletzlich und als vom Körper unabhängig, sie kann ihn ja nach ihrem Willen verlassen und wieder in ihn zurückkehren. Bei diesen „Seelenreisen" werden die „dunklen Kontinente" in den Grenzbereichen zwischen Tod und Leben und auch andere Ebenen der Erfahrung erforscht; je mehr Grenzgänger von ihnen berichten, desto deutlicher wird das Bild und die „Geographie" dieser anderen Wirklichkeit, die die Seele unabhängig vom Körper erfährt.

Doch auch denen, die nicht diesen Einweihungsweg in die Erfahrung der anderen Wirklichkeit an der Schwelle gehen, hat Inannas Weg etwas zu sagen. Wir können mit ihr auch in Abgründe der Seele und Tiefen des Leibes hinuntersteigen und dort die Erfahrung des „kleinen Todes" machen, die uns Heilung und neue Lebendigkeit bringen kann. Doch dazu später.

Inannas Abstieg ist meines Wissens der erste, der schriftlich niedergelegt und erstaunlicherweise bis in unsere Zeit überliefert ist. Er beginnt, als Inanna horcht. Wie Enki besitzt sie das feine Ohr der Weisheit, das „das Gras wachsen hört", also subtilste Veränderungen und Bewegungen wahrnimmt und ernst nimmt, die sich unter der Oberfläche abspielen. Das Ohr ist deshalb der Wegbereiter des Bewußtseins. Durch das Hören eröffnet sich ein tieferer Zugang zum Leben als durch das Sehen, das eher an der Oberfläche haften bleibt. Nicht umsonst empfängt in allen Religionen der hörende Mensch die göttlichen Offenbarungen und Inspirationen. Wenn das Tagesbewußtsein der Sonne vom sehenden Auge lebt, so lebt das Mondbewußtsein der Nacht mehr vom Ohr und vom Lauschen. Das beweist uns Inanna.

Trennung, Abschied und Vorbereitung

Nach einem Sprichwort ist jeder Abschied ein kleiner Tod, denn dann müssen wir uns von etwas Liebgewordenem trennen, manchmal für immer. Diese kleinen Abschiede können eine Vorbereitung für den großen Abschied sein, wenn wir auch unser „Eigenstes", das Leben, loslassen müssen. Inanna beginnt ihren Weg in die Unterwelt mit Abschied: von ihren heiligen Stätten, von ihrem Amt als Hohepriesterin des Himmels, vom Palast und ihrem Gemahl wie von den beiden großen Söhnen, die sie als Verwalter ihrer Tempel eingesetzt hat. Diese Trennung von der oberen Welt dient dazu, emotionalen Abstand zu allem Alltäglichen zu gewinnen und seinen tatsächlichen Stellenwert zu erkennen. Beim endgültigen Abschied hätte man dann seine Dinge so geordnet und geklärt, wie man sie den Nachfolgenden zu übergeben wünscht. Dafür sorgt Inanna. Die zweite wichtige Vorbereitung besteht in ihrer Ausstattung. In die Unterwelt nimmt sie nur das mit, was ihre Identität ausmacht: ihre sieben ME, die Attribute und Kräfte der Himmelskönigin. Diese dienen zu ihrem Schutz als eine Art „heilige Rüstung", mit denen sie ihre sieben Energiezentren vom Kopf bis zu den Füßen bedeckt. Die Augensalbe und der Brustschmuck der Liebesgöttin sowie die Insignien der Herrscherin sollen jedem zeigen, wen er vor sich hat.

Und doch hat sie bei ihrer Ausstattung eines vergessen oder beiseite gelassen, das für ihre Begegnung mit Ereschkigal sehr wichtig gewesen wäre: eine Gabe oder ein Opfer für die Herrin des „Großen Unten". Oder ist das gerade ihr Opfer, daß sie nur eines – sich selbst – hinzugeben und zu opfern hat?

Zur Vorbereitung gehört auch die Vorsorge, mit der

Inanna ihre Ratgeberin Ninschubur betraut, offenbar ihre einzige Zeugin und Mitwisserin, von der sie zunächst begleitet wird. Ninschubur erhält Anweisung, bei wem und wie sie Hilfe suchen solle, wenn Inanna nach drei Tagen und drei Nächten nicht zurückgekehrt sei. Am dritten Tag ist die kritische Zeit für das Überleben: Entweder ist dann die Seele endgültig vom Körper getrennt, während der Körper zerfällt, oder sie kehrt in den Leib zurück, um ihn neu zu beleben. Entsprechend ist der Mond drei Tage lang unsichtbar und kehrt danach als neue Sichel an den Himmel zurück. Inanna vertraut sich für den Fall, sie könne sich aus der Fessel des Todes nicht selbst befreien, den Himmelsgöttern und Enki an. Wirkliches Zutrauen hat sie nur zu ihm – zu Recht, wie wir wissen, denn er hat selbst die Unterwelt erfahren und kennt die Geheimnisse der Seele und Speise und Wasser des Lebens. Damit hat Inanna alles zurückgelassen, auch die letzte Sicherheit hat sie Ninschuburs Händen anvertraut. Doch ihre völlige Hingabe bedeutet nicht, daß sie gedrückt und verängstigt ist, im Gegenteil. Dieser Weg ist ihr eigener Entschluß, und so begehrt sie selbstbewußt und mit lauter Stimme Einlaß.

Jenseits der Schwelle
Unter dem Gesetz Ereschkigals

Von diesem Grenzübertritt an gelten nicht mehr Inannas, sondern Ereschkigals Gesetze. Inanna muß ihre Absicht erklären, ihre Gründe werden geprüft, und der Wächter läßt die stolze Himmelskönigin warten. Die Unterwelt arbeitet langsamer und nach ihrem eigenen Rhythmus. Vor allem aber hat sie kein Geschenk mitgebracht, aus dem Ereschkigal entnehmen könnte, daß sie als Bittende kommt. Sie erscheint als Fordernde und muß nun erleben, daß sie selbst und ihre heiligen Attribute als Opfergabe gefordert werden. An jedem der sieben Tore wird ihr eines nach dem anderen vom Wächter abgenommen, ihre Energiezentren werden vom Kopf bis zu den Füßen entblößt und ihres Schutzes entledigt. Die Tore werden nur einen Spalt geöffnet, so daß die Himmelskönigin gebeugt und armselig das Reich Ereschkigals betritt: wie jeder „normale" Sterbliche. Diese Entblößung ist nach den Gesetzen der Unterwelt notwendig, denn die Schutzmechanismen unserer Welt, die Masken und Ehrentitel, die Verschleierungen unseres eigentlichen Wesens gelten dort nichts. Dort sind wir einzelne, nicht mehr Gesellschaftswesen, und müssen uns schonungslos ansehen lassen und mit der inneren Wahrheit unseres Wesens für uns selbst einstehen. Der entscheidenden Frage an der Pforte aller alten Mysterienstätten: „Wer bist du, Mensch?" muß sich auch Inanna stellen, während sie im Examen des Todes steht und an jedem Tor eines ihrer Energiezentren bloßgelegt und „gelesen" wird. Was geht wirklich in ihrem Kopf, in ihrem Herzen und in ihrer Gefühlswelt vor? Nicht sie ist hier die Fragende, sondern sie wird gefragt und geprüft.

Schließlich ergeht der Urteilsspruch über Inanna: von den Annuna, den unterweltlichen Richtern. Diese stammen der Bedeutung ihres Namens nach von dem Himmelsgott An ab und verkörpern in diesem dunklen Reich einen Aspekt des Bewußtseinslichtes: das Gedächtnis, die Erinnerung. Sie kennen Inannas „Buch des Lebens", die Geschichte ihres Bewußtseins. Aus diesem Wissen fällen sie ihr Urteil.

Wessen ist Inanna schuldig? Wir können ihre Schuld

an dem erkennen, was sie zuvor ablegen und bloßlegen mußte: an ihren sieben ME. Die verkörpern genau das, was der „älteren Schwester" Ereschkigal fehlt und was Inanna auf deren Kosten ausleben konnte. Inanna konnte in einem lebendigen Rhythmus wachsen und ihre Lebenskraft stärken, indem sie erfolgreich Krisen durchstand – im Gegensatz zu Ereschkigal, deren Entwicklung in der Unterwelt erstarrte; Inanna erfuhr Unterstützung und Inspiration durch Enki – Ereschkigal blieb roh und isoliert; Inanna erfreute sich weiblicher Schönheit und Anziehungskraft und erlebte das Glück gegenseitiger Liebe und die Fruchtbarkeit der Mutter – Ereschkigal hingegen war entstellt und häßlich. Sie entwickelte unersättliche sexuelle Gier, weil sie in ihrer Isolation keine Beziehung entwickeln und Erfüllung finden konnte; ihr Los war Ablehnung und Unfruchtbarkeit. Inanna und Ereschkigal bilden Pole, eine jede ist sie selbst auf Kosten der anderen – nur: die eine im Licht, die andere im Schatten. Im Thronsaal Ereschkigals aber sind jetzt die Rollen vertauscht. Inanna ist jetzt die Verlassene und Gedemütigte. Doch bevor die Waagschalen völlig ausgeglichen sind, muß Inanna noch das hergeben, was ihr tiefstes Wesen ausmacht: ihre leibhafte Lebendigkeit. Die Lebensstifterin wird vom „Auge des Todes" unbarmherzig durchbohrt, und erst damit ist die Umkehrung der Verhältnisse vollständig und Ereschkigals Gesetz erfüllt. Inanna hat ihm Genüge getan, denn aus dem Mond der Fülle ist der Dunkelmond geworden. An den sieben Toren hat er sich in sieben Nächten entleert und kam als schmale, gebeugte Sichel in Ereschkigals Thronsaal an. Unter dem „Auge des Todes" schwand der letzte Schimmer, und Inanna wurde zum Dunkelmond.

Göttin und Mensch in der Krise des Todes
Ereschkigals Erlösung

Der Tod ist es, der alles mit Leben erfüllt.

Joan Halifax

Der Mythos wechselt den Ort und teilt uns mit, was inzwischen „oben" geschieht und wie Ninschubur, die Mitwisserin, aktiv wird. Ich bleibe noch „unten" und nutze die Chance, die uns Inanna durch ihren Abstieg in das „Große Unten" eröffnet hat: Zeuge sein zu können für das, was in dieser fremden, grausamen, bedrohlichen Welt „da unten" vor sich geht. Ich möchte so auch mein „Unten" und das kollektive „Unten" besser verstehen, das alle Menschen gemeinsam haben, vor dem wir die Augen zu verschließen pflegen, dessen wir uns schämen oder das wir fürchten. Was geschieht mit den Göttinnen, die einander jetzt gleich sind? Ereschkigal hat ihren Willen bekommen, Inanna hat dafür bezahlt, daß sie Ereschkigals Existenz verleugnet und auf deren Kosten gelebt hat. Ereschkigal könnte triumphieren.

Mit Enkis Augen und Ohren, die in die Tiefe reichen, erfahren wir anderes.

Ereschkigal, die Königin der Unterwelt,
wehklagt mit den Schreien einer Frau,
die in den Wehen liegt.
Kein Tuch ist über ihren Körper gebreitet,
ihre Brüste sind unbedeckt.
Ihre Haarsträhnen wirbeln um ihren Kopf.
Sie schreit: Ach, ach, mein Inneres!
Sie wehklagt: O weh, mein Äußeres!

Was geschieht hier? Die Triumphatorin des Todes triumphiert nicht über ihr Opfer am Haken, sondern wehklagt und jammert vor eigenen Schmerzen, „eine Frau, die in den Wehen liegt". Über gebärende Frauen wurden immer Tücher gebreitet, denn der gebärende Leib und der elementare Geburtsvorgang waren tabu. Ereschkigal liegt nackt in ihren Wehen, es ist keine Hand da, die sie bedecken und schützen könnte. Ihr „Inneres" tut weh, ihr „Äußeres" schmerzt – sie ist ein Bild des Jammers und der Verlassenheit. Und doch geschieht Außerordentliches. Die Rollen haben sich vertauscht: Während die Göttin der Liebe und der neuen Geburten nichts ist als ein Stück lebloses Fleisch, bringt die Göttin des Todes etwas Neues hervor, sie ist fruchtbar. Damit kommt Leben in ihre Erstarrung und Fixierung. Das hat Inanna bewirkt: Durch ihre Ankunft in der Unterwelt, dem Unerwünschten und Verleugneten, löst sich die Klammer der Todesstarre und läßt Bewegung und neue Hoffnung zu.

War das der Ruf, den Inanna „oben" gehört hatte? Ereschkigals Verlangen, endlich gehört, gesehen und respektiert zu werden von der Oberwelt des Tagesbewußtseins? An ihrer Schwester Inanna Anteil zu bekommen?

In dieser erschütternden Szene in Ereschkigals Thronsaal sind Leben und Tod, Lebenswunsch und Todeswunsch eng miteinander verflochten.

So erlebte es Mirjam, eine Frau Mitte Zwanzig, mit ihrer kranken und sterbenden Mutter und nach deren Tod. Ein Jahr lang pflegte die Tochter ihre sterbenskranke Mutter. Dieser war jedoch ihr nahes Ende nicht bewußt, so daß sie sich auch nicht damit auseinandersetzte. Als es dem Ende zuging, kämpfte sie sehr und bäumte sich auf. Als sie nach ihrer eigenen Mutter schrie, tröstete sie Mirjam, daß sie, die Tochter, doch bei ihr sei. Dann nahm sie sie „mütterlich" in die Arme und sagte der Mutter, wie sehr sie sie schätze. Daraufhin konnte sich die Mutter entspannen und beruhigen; diese Zusage ihres eigenen Wertes hatte ihr geholfen. Sie konnte das Leben loslassen und ihren Tod annehmen. Mirjam hatte sich in der Pflege der Mutter völlig verausgabt und war mit ihren Kräften am Ende. Bei dem langwierigen Prozeß kamen Todeswünsche gegenüber der Mutter in ihr hoch, denn solange die Mutter sich am Leben und an ihr festklammerte, konnte auch sie nicht ihrer Wege gehen und war fixiert. Deswegen machte sich Mirjam später heftige Vorwürfe.

Nach dem Tod der Mutter fühlte sich Mirjam, die damals studierte, verlassen, depressiv, ohne Orientierung. Wie konnte sie ohne die Mutter weiterleben? Sie wußte nicht mehr, wer sie war, brauchte ständig Bestätigung von anderen. Ihre Arbeit blieb liegen, und sie war wie erstarrt. Daraufhin begann sie eine Therapie. Kurz nach Beginn der Analyse träumte sie: „Im Ehebett liegen mein Vater und meine Mutter. Ich kniee dort und muß sie einbalsamieren." Bei der Bearbeitung dieses Traumes wurde ihr deutlich, wie sehr sie innerlich an ihre Eltern – der Vater war schon etwa zwölf Jahre tot – gebunden war und sie brauchte. Sie mußte sie „mumifizieren", um sich nicht emotional von ihnen trennen zu müssen. Schritt für Schritt klärte sie vor allem ihr Verhältnis zur Mutter. Sie hatte zu ihr immer ein liebevoll-kindliches Verhältnis gehabt und ihr alles erzählt. Die Mutter hing sehr an Mirjam und gab ihr oft zu verstehen, wie sehr sie sie brauche. Die Krise – die eine Krise für beide Frauen war – trat ein, als Mirjam das Haus der Mutter verließ, um Theologie zu studieren. Die Ablösung von zu Hause fiel ihr schwer, doch ging sie ihren eigenen Weg weiter und kaufte sich zum Beispiel ein Auto als Zeichen ihrer neuen Unabhängigkeit, was die Mutter heftig mißbilligte. Die Mutter war verletzt und machte Mirjam Vorwürfe, daß sie kaum noch nach Hause komme und die Mutter vernachlässige. In dieser Zeit brach die Krankheit der Mutter aus, und die Tochter blieb zu Hause, um die Mutter (abwechselnd mit ihrer Schwester) bis zum Tod zu pflegen.

Mirjam erkannte während der Therapie immer mehr die Verkettung der Abhängigkeit: Die Mutter hatte so an ihr gehangen, weil Mirjam etwas lebte, was der Mutter fehlte, „ein schöpferisches Segment" ihrer selbst (so wie Inanna die positive Seite Ereschkigals lebte). Dieses Segment war geistige Kraft und der Drang nach Selbstentfaltung, was sich später vor allem in Mirjams Studium äußerte. Deshalb konnte die Mutter sie nicht ihrer eigenen Wege gehen lassen, denn mit Mirjam ging zugleich ihr „Segment" der schöpferischen Kraft, von dem sie glaubte, daß es das Leben erst wertvoll mache. Ohne Mirjam fühlte sie sich wertlos. Daher hatten die anerkennenden Worte Mirjams für die Mutter auf dem Totenbett eine solche Bedeutung: Die von ihr bewunderte Tochter spiegelte ihr Leben und gab ihm Wert und damit Sinn. Mirjam ihrerseits hatte ihre Bestätigung aus der Bewunderung der Mutter und daraus, gebraucht zu werden, gewonnen und hatte kaum Gelegenheit, eine eigene Identität aufzubauen. Als sie die ersten eigenen Schritte tat, löste das bei beiden große Ängste aus. Für die Mutter führte diese Krise zu Krankheit und Tod, für Mirjam letztlich zu mehr Bewußtheit ihrer selbst und zur Loslösung aus der Fixierung an die Mutter.

Einen zweiten Traum, den sie am Ende des ersten

Trauerjahres träumte, empfand sie selbst als etwas Kostbares und Bedeutsames: einen archetypischen „großen" Traum. Er zeigt die Verwandlung, die inzwischen in ihr vorgegangen war: Mutter und Tochter halten sich wie Schwestern an den Händen und geben einander Kraft, doch jede geht ihren eigenen Weg und läßt die andere auch gehen.

Mit diesem Traum kehren wir in Ereschkigals Thronsaal zurück, wo sie in den Wehen liegt, während Inanna stirbt:

„Meine Mutter liegt ruhig und gefaßt im Sterben, ich bin neben ihr. Wir halten einander an den Händen. Ich liege in den Wehen und habe sehr zu arbeiten, bin aber sehr froh über das Kind, das ich gebäre."

Wie im Mythos, so haben sich auch in diesem Traum die Waagschalen ausgeglichen. Indem die eine die Fixierung löst, hilft sie der anderen. Die Aufgabe Inannas wie der Mutter ist es, die subjektiv verständliche Lebensgier loszulassen und den Tod, dem man als einem überpersönlichen Gesetz nicht entkommen kann, anzunehmen. Indessen ist es die Aufgabe Ereschkigals und der Tochter Mirjam, die unfruchtbare Fixierung an alte Verhaltensmuster loszulassen und neues Leben hervorzubringen. Die Geburt auf der einen Waagschale gibt zugleich dem Tod auf der anderen Waagschale Sinn.

Auf der menschlichen Ebene des Mutter-Tochter-Verhältnisses hätte es für beide zu einer Art psychischen Todes geführt, wenn die Fixierung aneinander nicht gelöst worden wäre. Eine solche Fixierung an die Verhaltensweise in der Ursprungsfamilie hindert alle Beteiligten daran, sich als eigenständige Menschen zu entwickeln und zu wachsen. Solche unfruchtbaren, zählebigen Fixierungen gehören zu Ereschkigal und ihrem Schattenreich – im Gegensatz zu Inanna, die immer neue Lebensimpulse setzt und Begegnungen schafft. Solche kreativen Wesen wie sie retten aber schließlich ihre Existenz – wie wir jetzt sehen werden.

Inannas Erlösung

Während Inanna den Tod des Fleisches stirbt, ist ihr geistiges Selbst, ihre Ratgeberin Ninschubur, für sie tätig und setzt alle Hebel in Bewegung – wie sie Inanna schon bei der Rettung der ME geholfen hatte. Wie erwartet lassen die Himmelsväter Inanna im Stich, weil sie ihre Motive nicht verstehen. Sie haben „in höheren Regionen" zu tun und beschmutzen ihre Hände nicht mit dem Staub der Unterwelt und den nackten Tatsachen des bloßen Überlebens. Damit verkörpern sie eine Geisteshaltung, die diese elementare Welt des Unten völlig aus dem Gesichtskreis verdrängt, weil sie sich „höher" und „besser" oder „überlegen" einschätzt. Sie können auch den Brückenschlag Inannas und ihren Versuch, das „Große Unten" mit dem „Großen Oben" zu verbinden und Wege zwischen beiden zu schaffen, nicht nachvollziehen und lassen deshalb Inanna im Stich. Ihr wahrer geistiger Vater ist auch hier Enki, der die Gefahr für Inanna und damit für Himmel und Erde begreift und mit „Kummer und Gram" reagiert. Enki beschmutzt sich die Hände, denn er kennt die Gesetze der Unterwelt, wo Gleiches mit Gleichem vergolten wird und Gleiches auch Gleichem hilft. Aus dem Schmutz unter seinen Fingernägeln – vielleicht übriggeblieben von seiner Unterweltfahrt? – formt er unscheinbare, geschlechtslose Hilfsgeister, die gut in die Unterwelt passen und unauffällig dort eindringen können. Sie haben „therapeutische" Aufgaben: Inanna das Wasser und die Speise des Lebens zu bringen und vor allem der jammernden Ereschkigal beizustehen. Das ist ihre erste Aufgabe, und indem sie Ereschkigals Schmerz spiegeln, heben sie deren Isolation auf und damit das lähmende Vorurteil, von allen verachtet und gehaßt zu werden. Sie verstehen sie und klagen mit ihr, sie machen Ereschkigal ihren Zustand bewußt. Mit dieser schlichten Tat, die Klage anzuhören und übereinstimmend zu spiegeln, erreichen sie Erstaunliches: Ereschkigal merkt auf, fühlt sich verstanden und will sich dankbar erweisen – etwas völlig Neues für sie, die lebensbejahende Emotionen nicht kennt; sie gibt sogar den Leichnam ihrer Feindin-Schwester Inanna heraus – sie, die sonst nichts und niemanden herausrückt. In ihr ist wirklich etwas in Bewegung geraten, seitdem Inanna ihr begegnet ist. Der Energieaustausch des „Großen Oben" mit dem „Großen Unten" ist geglückt, die Wege vom einen zum anderen Bereich sind offen. Ereschkigal hat sich in Erinnerung gebracht und eine Botschaft nach oben geschickt; Inanna hat sie aufgefangen und richtig verstanden. Mit ihrem Abstieg hat sie dem Bewußtsein den Weg gebahnt, um die unbekannte, bedrohliche Tiefe des Unbewußten und Abgewehrten allmählich zu erforschen und einen Kontakt herzustellen. Beide Bereiche können sich nun gegenseitig beleuchten und befruchten und neues Wachstum hervorbringen.

Doch ohne die helfende Dreiheit, die von „oben" eingreift, wäre Inanna dem starren Gesetz des Todes verfallen: ohne Ninschubur, ihre lenkende, geistige Seelenfunktion; Enki, die väterliche Weisheit aus der Tiefe mit ihrem Fluß lebendiger Gefühle; und schließlich die beiden bescheidenen Hilfsgeister, die instinktiv mitleiden und -klagen können und die rechte Medizin zu Inanna bringen.

Sie lösen die Todesstarre Inannas, indem sie ihr wie einem neugeborenen Säugling den Mund öffnen und den Willen zum Leben als „Speise" einflößen; sie besprengen und „taufen" Inanna mit Lebenswasser, das sie vom Schuldspruch Ereschkigals reinigt. Inanna lebt wieder und kehrt neugeboren der Unterwelt den Rükken. Als junge Sichel kann die Mondin in der Nähe der untergehenden Sonne wieder am Abendhimmel erscheinen.

Erfahrungen des Abstiegs

Wir haben uns mit Hilfe Inannas eine Weile auf Ereschkigals Unterwelt eingelassen und sind – wenn ich bei dieser Vermutung von mir selbst ausgehen darf – sehr gern und schnell bereit, dieser Unterwelt wieder den Rücken zu kehren, am liebsten auf Nimmerwiedersehen. Bei Inanna, das werden wir noch verfolgen müssen, geht es nicht so reibungslos mit der Rückkehr. Sie muß wiederum die sieben Tore passieren, wo sie ihre sieben ME zurückerhält. Vor allem aber haben sich unheimliche Rachegeister an ihre Fersen geheftet, die nicht ruhen, bis sie einen „Sündenbock" für Inanna gefunden haben. So schnell kann man also die Unterwelt nicht „abhaken" und zur Tagesordnung übergehen. Sie ist ein Teil unserer inneren Welt, eine Region der Seele, wo unsere „ältere Schwester" sitzt und unsere Beachtung verlangt.

Eine der Eigenheiten Ereschkigals ist es, wie wir bei Mirjams Geschichte mit ihrer sterbenden Mutter sahen, zu fixieren, Bindungen zu erzeugen, die wir bewußt weder klar erkennen noch mit Willenskraft auflösen können. Ereschkigal muß selbst bereit sein, etwas „herauszurücken" und gehen zu lassen. Mit Gewalt oder intellektueller Überlegenheit ist da nichts zu wollen, denn Ereschkigal ist auf die Dauer die Stärkere – ihre letzten Waffen sind Tod und Zerstörung. Von Inanna können wir lernen, daß Ereschkigal gehört und ernst genommen werden will; sie will, daß wir uns zu ihr hinunterbemühen. Von Enki und seinen Hilfsgeistern können wir erfahren, wie bedürftig, ja durstig Ereschkigal nach Mitgefühl und Mitleiden ist und wie sie sich verändert, wenn sie gespiegelt wird. Das Schicksal dieser Ereschkigal-Welt in unserer Kultur ist es weitgehend, verleugnet, gehaßt, verabscheut, gemieden oder verschwiegen zu werden. Wenn wir Ereschkigal als einen Teil unseres eigenen Lebens entdecken wollen, so brauchen wir nur nach dem zu fragen, was wir gern aus unserem Alltagsbewußtsein als gesellschaftliches Wesen ausschließen wollen oder was wir fürchten, moralisch abwerten oder häßlich finden. Diese Ereschkigal-Welt hat ihre eigenen Gesetze, ihre Macht und ihren autonomen Zeitablauf, wie Inanna erfahren mußte. Sie zeigt sich in Tod, Sterben und Verfall, in Schmerz und Krankheit, doch auch im eigengesetzlichen, unwillkürlichen Leben unseres Verdauungssystems, dessen sich Ereschkigal gern bemächtigt und wo sie rumoren kann. Sie sitzt oft in den Organen des Unterleibs und äußert sich in sexueller Getriebenheit und sogenannten Lastern. Ihr Gebiet sind die Tabu-Zonen zum Beispiel des Menstruationsblutes oder in der herkömmlichen christlichen Moral die ungebundene weibliche Sexualität, wie sie die Hexe Lilith verkörpert. Wenn sie unerkannt und „unerhört" bleibt, wenn keine Inanna zu ihr hinabsteigt, wirkt sie wie ein schleichendes Gift von einer Generation zur nächsten und bemächtigt sich immer weiterer Bereiche der körperlichen wie seelischen Unterwelt. Solange sie noch rumort und Symptome schickt – ihre Steinwürfe und Eruptionen –, können wir ihren „Ort" noch festmachen; wenn sie hingegen ganz finster und schweigsam wird, dann bedroht sie das Gemüt mit Melancholie oder zieht einen in die Depression, wo jeder Kontakt zum Leben verlorengeht.

Drei solcher „Orte" in Ereschkigals Unterwelt möchte ich aufsuchen.

Die Region der Schmerzen

Eine Frau – die Autorin Petra Künkel – setzt sich mit ihren fast unerträglichen Magenschmerzen auseinander, die sie in den letzten Urlaubstagen bei ihren Gedanken an zu Hause plagen. Sie sieht in ihnen den Ruf aus der Tiefe und „spitzt die Ohren" wie Inanna – obgleich ihr diese Schmerzen jetzt vor ihrer Heimreise höchst ungelegen kommen (Ereschkigals Zeitplan!). Sie schreibt: „es bleibt mir nichts, als den schmerzen zuzuhören. ... ich weiß: das kann kein fremdkörper sein, der mir da im magen liegt. was dort wütet, ist ein teil von mir. die schmerzen sind meine schmerzen. es ist mein magen, der sich regt. wenn ich mich wehre, verschwende ich nutzlos energie. ... etwas in mir schreit um hilfe. es muß etwas sein, das ich unterdrücke. das sich nicht anders bemerkbar machen kann als so. ich will der sache auf den grund gehen."[18] Wie Inanna bemerkt sie „da unten" einen Teil ihrer selbst, den sie von sich selbst abgeschnitten hat und der nun um Hilfe schreit, gesehen und gehört werden will. Sie will dem „auf den grund gehen", in ihre „eigenen tiefen tauchen", also in ihre eigene Unterwelt steigen. Sie sucht daraufhin einen ruhigen Platz und entspannt sich (Übung der Schwere). In der Imagination gibt sie sich selbst einen Auftrag, sie ist die „gesandte, die eine abenteuerliche reise in mein inneres antreten soll, verhandlungsangebote in ihrem gepäck". Darin ist sie klüger als Inanna: Sie tritt nicht als Fordernde, sondern als Fragende ihre innere Reise an. So steigt sie in die Tiefe ihres Leibes bis in den Magen, wo es poltert und wo sie hin- und hergeschüttelt wird. In einer finsteren Ecke entdeckt sie eine unheimliche weibliche Gestalt in Ketten, eine Zauberin, die ohnmächtig wirkt: „verzweiflung ist um sie geschichtet." Als sie ihr in die Augen blickt, erkennt sie ihre eigenen Augen, ihr eigenes Gesicht – wie Inanna ihre „ältere Schwester Ereschkigal" erkennt, die zu ihr gehört. Die Dunkle schleudert nun der ahnungslosen „Gesandten" ihren Zorn und ihr Urteil entgegen, deren Ausreden und Verharmlosungen läßt sie nicht gelten. Denn immer, wenn sie in den vielen Jahren zuvor um Hilfe rief, hat „da oben" niemand zugehört, statt dessen aber dicke Brokken von Essen hinuntergeschickt, um die Stimme zum Schweigen zu bringen. (Den Magen kann man mit Essen, andere Organe mit Schmerztabletten betäuben, damit sie „schweigen"...) Die Dunkle droht, daß sie im Lauf der Jahre immer böser geworden wäre, wenn niemand auf sie gehört hätte; den ganzen Körper hatte sie heimtückisch zerstört, denn: „gefangenschaft macht auch nicht harmloser." (Dies schleichende Gift ist typisch für die verleugnete Ereschkigal.) Hier muß nun die „Gesandte" alles über sich ergehen lassen und hinhören, welche Urteile ihre Ereschkigal im Magen über sie fällt. Sie hat ein gutes Gedächtnis und weiß, warum sie im Kerker sitzt. Sie ist das ungelebte Leben, sie verkörpert die nicht eingestandenen Gedanken, die aus Angst vor dem schlechten Gewissen weggesteckt werden; sie ist die Verrücktheit und Unbefangenheit, gegen die mit der „moral von eingefahrenen bahnen" vom Ich vorgegangen wird, statt sie zu leben; der Eigen-Wille und der Mut zu sich selbst:

und wenn du mich nicht freiläßt,
bin ich deine ängste, deine zweifel,
leg mich breit und schwer und tödlich groß
in deinen magen und anderswo
und quäle und zerstöre dich.
ich bin dein leben,
hör mich an und nimm mich an...

Die gefesselte „Partisanin" konnte sich mitteilen und hat Gehör gefunden. Wie Ereschkigal ist sie versöhnt; sie selbst, ihre Kette und die „Gesandte" schmelzen und lösen sich auf.

Als die Frau aus ihrer Imagination zurückgekehrt ist, sind die Magenschmerzen tatsächlich verschwunden und mit ihnen die diffusen Ängste vor dem, was zu Hause auf sie zukommen wird. Innerlich klar kann sie Abschied nehmen und beides bejahen: die vergangene gute Zeit und den Neuanfang zu Hause. „ich gehe, ohne mich umzudrehen. flüsse fließen nur in einer richtung zum meer. ich verschließe die erinnerung sorgfältig. ich fühle, daß es richtig ist zu gehen. begonnenes werde ich an anderer stelle fortsetzen. ich wünsche mir, daß ich noch weiterwachse."

Indem sich die „Gesandte" (Inanna) auf die bedrohliche Schattenschwester eingelassen hat, konnte diese frei werden und etwas Neues hervorbringen: Anstatt ihre Energie an Schmerzen und Ängste zu verschwenden, kann sich die Frau jetzt klare Ziele setzen. Sie kann ihre tiefsten Wünsche äußern und wird sich diese auch erfüllen. Ihre innere „Zauberin" ist nicht mehr gegen sie, sondern unterstützt sie mit ihrer Energie des Eigen-Willens.[19]

In der Menstruationshütte

Ereschkigal wohnt auch im Menstruationsblut. Außer wenigen Ausnahmen haben es Frauen gelernt, die Mensis als belastendes notwendiges Übel zu erleben und sich ihrer zu schämen. „Man" spricht nicht darüber, und „man" darf auch nichts von ihr merken: weder vom Blut, das fließt, noch vom Stimmungswechsel (Laune von luna!) noch von der größeren Empfindlichkeit während „der Tage". Besonders vor Männern verbergen die meisten Frauen ihre Mensis schamvoll und fühlen sich minderwertig. Wie sollen Frauen ihren weiblichen Leib und seinen Mond-Rhythmus aber lieben und akzeptieren können, wenn ihnen ein solches Tabu im Nacken sitzt? Wie sollen Männer (und Kinder) es lernen, die Eigenart des weiblichen Körpers zu achten und zu verstehen, wenn nicht von den Frauen selbst?

Unseren Zyklus haben wir Frauen mit dem Mond, mit Inanna gemeinsam. Wie das Wort „Monat" vom Mond abgeleitet ist, der ursprünglich ein Mond-Monat von etwa 28 Tagen war, so auch das Wort Mensis oder Menstruation. Die Göttin Inanna selbst gab zu der Zeit, als sie verehrt wurde, dem weiblichen Rhythmus eine besondere Würde; so auch die spätere babylonische Göttin Ischtar, die in manchem mit Inanna verwandt ist. Ischtars Menstruationstag wurde als Ruhetag der Göttin geheiligt, sie mußte geschont werden. Ihr Ruhetag wurde während des Vollmondes gefeiert und hieß schabbatu – „Tag der Herzruhe" –, denn bei Vollmond ist ein Zyklus vollendet, es fehlt nichts mehr zum Ganzen, so kann die „Herzruhe" eintreten. Die Verwandtschaft von Ischtars Ruhetag schabbatu zum Ruhetag Jahwes, dem Sabbat, ist nicht zu übersehen. Doch ist es eine feindselige Verwandtschaft aus theologischen Erwägungen der jüdischen wie christlichen Gelehrten, denn von der „großen Hure Babylon", mit deren Religion die Israeliten in der babylonischen Gefangenschaft in Kontakt kamen, mußte sich die Jahwe-Religion deutlich absetzen und ihre „Kinder" vor deren Faszination bewahren. Gerade diese feindselige Verwandtschaft ist es, die zur noch heute wirksamen Tabuisierung und Abwertung weiblicher Leiblichkeit geführt hat – ein verhängnisvolles Erbe, das über das Alte Testament mit den jüdischen Reinigungsgesetzen bis zur christlichen Diffamierung der Frau fortdauert. Nach Lev. 15, 19 ff. gilt die menstruierende Frau sieben Tage lang als „unrein"; auch alles, was sie berührt, und jeder, der sie berührt, wird „unrein". Frauen in der Mensis wurden bis in unsere Zeit in der katholischen Kirche von der Kommunion ausgeschlossen, ebenso Wöchnerinnen: Sie durften die Kirche nicht betreten – nicht einmal zur Taufe ihrer eigenen neugeborenen Kinder –, bevor sie nicht vom Priester „ausgesegnet" worden waren. Der im Alten Testament schriftlich festgehaltenen kultischen Abscheu vor dem weiblichen Körper und dem Blut der Frau ist von der christlichen Kirche nie offiziell widersprochen worden, wenn sich auch als Folge des medizinischen Fortschritts seit dem 16. Jahrhundert und der Aufklärung das Tabu des weiblichen Blutes gelockert hat.[20] Doch sitzt diese jahrtausendealte Herabwürdigung des weiblichen Körpers als „unrein" – immerhin nahm die „unreine" Zeit mehr als ein Viertel der Lebenszeit ein, die vielen Geburten nicht eingerechnet! – noch immer in unserem Unbewußten, des Mannes wie der Frau. Was noch schlimmer ist: Sie trägt noch immer zum weiblichen Selbstbild bei und damit zur Scham und zu Minderwertigkeitsgefühlen während der Mensis. Das ist das tabuisierte Reich Ereschkigals.

Doch wenden wir uns anderen Traditionen zu, die die Frau in der Mensis als besonders kraftgeladen erleben, und lassen uns von denen inspirieren. Bei indianischen Völkern ist diese Einstellung bis heute zu finden. Frauen ziehen sich während ihrer „moontime" von den Aktivitäten der Gemeinschaft und von der alltäglichen Arbeit zurück, oft „abseits" in eine Menstruationshütte. Diese Zeit gilt als heilige Zeit, weil „Großmutter Mond kommt, um die Frauen zu besuchen". Wie der Mond nehmen sie während der Menstruation körperlich ab und geben etwas von sich selbst her, um danach ihre Kraft wieder zu erneuern und einen neuen Zyklus zu beginnen. Diese Zeit, auch eine Zeit der „Herzruhe", ist daher besonders gut geeignet für Gebet, Meditation und Introspektion. Der innere Reinigungsprozeß der Frau hat einen starken Einfluß auf das Alltagsleben, denn er stellt eine spirituelle Energie dar: das Leerwerden. Dies ist die Voraussetzung zu neuer Fülle und Lebenskraft. Die enge Verbindung zu „Großmutter Mond", dem Urbild weiblicher Energie, macht die Frauen in der Zeit ihrer Mensis besonders weiblich, kreativ und intuitiv. Ihren Träumen während der Mensis wird besondere Beachtung geschenkt, da in ihnen „Großmutter Mond" spricht und durch die Frauen auch ihre Umgebung inspiriert.[21]

Aus diesen von indianischen Gesellschaften hochgeachteten Gründen ist die menstruierende Frau tabu: Wenn sie einem Mann, besonders einem Medizinmann, zu nahe kommt, bringen ihre starken Mondkräfte ihn aus dem Gleichgewicht.

Wahrscheinlich ist aus dieser Art Tabu (wörtlich: „heilig", „abgegrenzt"), das aus der Achtung vor der

weiblichen Energie erwächst, in den „patriarchalen"
Kulturen das negative Tabu geworden; aus der weiblichen Stärke wurde weibliche Schwäche, die man meiden muß, um nicht selbst als „unrein" zu gelten.

Wie können wir die verachtete Ereschkigal in ihrer
Menstruationshütte erlösen? Frauen können damit beginnen, indem sie ihren inneren Rhythmus beachten
und ihn mit dem Mondrhythmus vergleichen. Den ersten Tag der Mensis sollten sie so ruhig und so bewußt
wie möglich verbringen, denn die inneren und äußeren
Bewegungen sind wahrscheinlich langsamer und be-
dächtiger als sonst. Wenn sie sich nicht zurückziehen
können, weil sie in einem öffentlichen Arbeitsprozeß
stehen, so können sie doch auf ihren Körper und seine
Bedürfnisse achten, auf „den Ruf von unten" hören.
Bewußte Bewegung, wenn möglich in der Natur, tiefes
Atmen und Sorgfalt für das innere und äußere Leben,
eine auf Enkis Weise mitfühlende Einstellung zum Körper („Ach, ach, dein Inneres; o weh, dein Äußeres!")
kann diese Einstellung unterstützen.

So gehen wir Frauen wenigstens mit dem Bewußtsein in unsere Menstruationshütte, wenn wir auch äu-
ßerlich „funktionieren" müssen. Wir können das
Traumbuch bereitlegen, um unsere Träume „in the
moon" aufzunehmen.

Wir wurden der Welt als Frauen, nicht als Männer
geschenkt, und das schließt unseren weiblichen Zyklus
mit ein. Ihn können wir uns aus Ereschkigals Reich
wiederholen und ihn als Geschenk Inannas verstehen.
Dann nehmen wir die Mensis als eine Zeit wahr, in der
etwas Altes schmerzlich zu Ende geht und einem neu-
en Anfang Platz macht; in der wir leer werden, um zu
neuer Fülle zu finden.

Die Abgründe der Seele

Die Seele, das Gemüt ist wie alles Lebendige Rhythmen und Schwankungen unterlegen, die wir, während wir sie erleiden, oft nur schwer einordnen und als rhythmisches Geschehen erkennen können. Der bekannteste Gemüts-Rhythmus ist der des Mondes von 28 Tagen, doch gibt es auch längere Rhythmen über mehrere Monate[22]. Die Zeit des „Hochs" erleben wir voller Daseinsfreude und wenden uns unserer Umgebung offen und kontaktbereit zu. Vieles gelingt uns, und wir teilen uns gerne mit. Während des „Tiefs" und der Übergangstage scheint sich unsere Lebenskraft ohne ersichtlichen Grund in einen dunklen Winkel zurückzuziehen, so wie der Dunkelmond in Ereschkigals Finsternis verschwindet. Dann kennen wir uns selbst nicht wieder, es ist, als hätten wir einen „Seelenverlust" erlitten. Selbstzweifel quälen uns, und wir meiden wegen dieser inneren Verunsicherung lieber enge Berührungen und menschliche Kontakte. Auch sprechen oder schreiben zu müssen ist eine Qual.

Ein solches Tief, das mehrere Tage oder Wochen andauern kann, ist wie eine Mensis des Gemüts. Der zeitweilige Rückzug der Lebenskraft nach innen kann wie die Mensis einen Klärungs- und Reinigungsprozeß ankündigen, der sich tief innen unbemerkt vom Tagesbewußtsein abspielt. Oft bekommen wir ihn auch deshalb sprachlich kaum zu fassen, denn es handelt sich ja um Ereschkigals sprachloses Reich; er begegnet uns eher in Träumen oder beim spontanen Malen und musikalischen Improvisieren. Oft können wir uns sprachlich erst ausdrücken, wenn nach dem Tief sich neue Einsichten, Ideen und Kräfte einstellen – manchmal gegen den Strich der üblichen Konventionen, da Ereschkigal

„mitgemischt" hat. Im Vertrauen darauf, daß da etwas bebrütet oder zum Ausreifen gebracht wird, fällt es vielleicht nicht so schwer, uns diese zeitweilige Versunkenheit oder diesen inneren Rückzug zuzugestehen und den Schmerz, den er bereitet, anzunehmen. Wie Inanna können wir uns „da unten" für einige Zeit „gehenlassen", was natürlich für das einseitig sonnenhafte Bewußtsein, das immer alles meint kontrollieren, durchleuchten und manipulieren zu müssen, eine Zumutung darstellt.

Doch halte ich es für wichtig, dieser Versunkenheit einen Namen zu geben, ein Zeichen dafür, daß wir Ereschkigal Ehre erweisen. Das gelingt oft den Dichtern besser, besonders denen, die sich in diesem Reich auskennen. Ein solcher war der zeitgenössische jüdisch-russische Dichter Ossip Mandelstam. Er beschreibt das Erleiden der Seelenmensis als einen wortlosen Gram – jenseits aller Lehren und wohlgesetzten Worte:

Keine Worte, keinerlei.
Nichts, das es zu lehren gilt.
Sie ist Tier und Dunkelheit,
sie, die Seele, gramgestillt.

Nicht nach Lehre steht ihr Sinn,
nicht das Wort ists, was sie sucht.
Jung durchschwimmt sie, ein Delphin,
Weltenschlucht um Weltenschlucht.[23]

In diesem Gedicht, das ich mir in einer schlimmen Zeit der Sprachlosigkeit täglich hergesagt habe, benennt Mandelstam die Wortlosigkeit im Dunkel, in der seine Seele dem sprachlosen Tier ähnlich wird. Einem beweglichen Tier freilich, das eine tiefe Unergründlichkeit nach der anderen durchschwimmt; das mit seinesgleichen, anderen Seelen „dort unten", ohne Worte hochmusikalisch zu kommunizieren weiß: dem Delphin. Er ist der instinktsichere Geist der Tiefe, der immer wieder nach oben taucht, um Atem zu holen. Die verjüngende, erneuernde Kraft der Tiefe gehorcht dem Rhythmus des Mondes und seiner Anziehungskraft. „Jung ... ein Delphin" ist oder wird die Seele bei ihren Reisen durch die Abgründe, und sie kommt darin nicht um. Der Delphin Inanna, der die „Weltenschluchten" Ereschkigals aufsucht und in deren Sprachlosigkeit eintaucht...

In den letzten Jahrzehnten hat die Medizin neue Wege aufgetan, schwere körperliche Leiden und starke Schmerzen mit chemischer oder radiologischer Intensivtherapie zu behandeln, zum Beispiel Krebs oder degenerative Erkrankungen wie Osteoporose und andere. Von mehreren Menschen erfuhr ich, wie „die Seele" mitleidet, wenn sie sich einer Chemotherapie oder längeren Bestrahlung unterziehen mußten. Diese Menschen fühlten sich zwar körperlich nahezu schmerzfrei, gerieten aber in eine eigenartige, fast nicht beschreibbare Betäubung. Ihre Lebensenergie oder ihre Seelenkraft schien wie abgestorben, sie empfanden sich in einem „seelenlosen" Zwischenzustand. Eine Frau von Ende Sechzig, die sehr bewußt mit ihren inneren Erfahrungen umzugehen pflegt und sich an die Tiefe des Lebens angeschlossen weiß, litt unter diesem Zustand der Leb- und Todlosigkeit besonders. Doch es gelang ihr, diesem Zustand eine Stimme zu geben und damit ein Stück zu seiner Auflösung beizutragen. Sie nennt ihr Gedicht „Zwischenland":

Seltsam
heute singen keine Vögel

ich lebe nicht
ich bin nicht tot

  bleiches Land
in dem nicht gelebt
und nicht gestorben wird

  ich sehe dich nicht
meine Augen sind taub
meine Ohren blind

bleischwer liege ich
in schwebenden Fesseln

leide ich mich ein
in deine Gesetze

  halte ich still –

laß mich
mit meinem kleinen Maß

  dich ausleiden –

Laß mich meine Waage
leise in Bewegung wagen –

der Hauch an meiner Wange
streichelt meine Augen auf

Bewegung kündigt sich an und
die Ahnung der lösenden Träne

Diese Frau stellt sich diesem Zustand und benennt
ihn, spricht ihn als ein Du an und läßt ihn damit zu
Wort kommen. Dieses Du ist Ereschkigal: „bleischwer
... in schwebenden Fesseln". Auf deren „Gesetze" sich

durch ihr Leiden einzulassen ist diese Frau bereit, und sei es mit ihrem kleinen menschlichen Maß, das ihr zur Verfügung steht. Sie unterstellt sich dem überpersönlichen Gesetz Ereschkigals, um es „auszuleiden". Es ist nur der Hauch einer Antwort, aber sie spürt, daß sich daraufhin etwas löst und sich eine innere Bewegung ankündigt und daß sie wieder weinen kann – ein Zeichen der Lebendigkeit. So beginnen bei ihrer inneren Ereschkigal die Wehen, denn diese fühlt sich angesprochen und wahrgenommen.

Inannas Rückkehr
und die Folgen
Der paradoxe Segen der Unterwelt

Als Inanna aus Ereschkigals Reich zurückkehrt, wird sie von einer Schar unbestechlicher Todesdämonen begleitet, die den „Ersatz" ergreifen und in die Unterwelt bringen sollen. Inanna schützt alle diejenigen, die um sie getrauert haben, wie die treue Helferin Ninschubur und die beiden Söhne, vor der Gier der Dämonen. Als sie jedoch ihren Palast betritt, wo ihr Gemahl Dumuzi regiert, sitzt dieser auf einem prächtigen Thron, in seine glänzenden MĒ-Gewänder gehüllt, und rührt sich nicht. Ihn packen die Galla-Dämonen. Auf ihn heftet nun Inanna „das Auge des Todes", schleudert ihm „das Wort des Grimms" und „den Schrei der Anklage" entgegen. Zwar gelingt es Dumuzi, mit Hilfe des Sonnengottes zu fliehen, doch sagt ihm ein prophetischer Traum sein Geschick voraus. Seine Schwester Geschtinanna, „die Herrin des Weines", steht dem laut jammernden und klagenden Dumuzi zur Seite und deutet ihm auch seinen Traum. So muß nach mehreren Fluchtversuchen Dumuzi alle seine MĒ ablegen und wird nackt von seinen Dämonen weggeschleppt.

In der Stadt Uruk beginnt die Klage um Dumuzi, und auch Inanna singt ihr Klagelied um ihren „süßen Geliebten", den „Hirten und wilden Bullen". Geschtinanna will Dumuzis Geschick teilen und nicht ohne ihn leben. Doch wohin haben ihn die Dämonen ver-

schleppt? Von einer unscheinbaren Fliege erfährt Inanna, wo sie Dumuzi finden kann, und bricht gemeinsam mit Geschtinanna dorthin auf.

Inanna und Geschtinanna wanderten gemeinsam
zu den Grenzen der Steppe.
Dort fanden sie den weinenden Dumuzi.
Inanna nahm ihn bei der Hand und sprach:
Du wirst die Hälfte des Jahres
in der Unterwelt verbringen.
Deine Schwester hat darum gebeten
und wird die andere Hälfte in die Unterwelt gehen.
Wenn der Ruf an dich ergeht,
wirst du hinweggenommen.
Wenn der Ruf an Geschtinanna ergeht, bist du frei.

Inanna übergab Dumuzi in die Hand des Ewigen.

Heilige Ereschkigal! Groß ist dein Ruhm!
Heilige Ereschkigal! Ich singe deinen Lobpreis!

Dumuzis unfreiwilliges Opfer

Alle, denen ich bisher von Inanna erzählte, waren
angetan von ihrer faszinierenden, umfassenden Weiblichkeit, von dieser göttlichen Heldin „mit den tausend
Gesichtern". Die Begeisterung für Inanna schlug immer in dem Augenblick um, als dieser letzte Teil des
Mythos zur Sprache kam. Da hieß es: Der arme Dumuzi! Wie kann sie nur so grausam sein, und besonders
gegenüber ihrem Liebhaber! Von einer Göttin – und
noch dazu der Liebe – kann man doch wohl Erbarmen
erwarten! Statt daß sie froh ist, wieder am Leben zu
sein und ihren Gemahl gesund wiederzusehen!

Vielleicht sind wir verwöhnt vom Happy-End so vieler Märchen, alter und moderner, daß uns dieser todernste Schluß nicht paßt. Und doch ist der Mythos in sich selbst folgerichtig und „wahr" bis zum letzten Wort: „Inanna übergab Dumuzi in die Hand des Ewigen. Heilige Ereschkigal! Groß ist dein Ruhm!"

Je mehr ich mit dem Mythos der Mondgöttin umging, desto tiefer berührte mich diese unbequeme Wahrheit. Inanna war nicht umsonst bei Ereschkigal, sie hat „ein Segment" Ereschkigals mit heraufgebracht: das unpersönliche, wahrhaftige „Auge des Todes". Dies ist allerdings nur eines von ihren beiden Augen, denn das „Auge des Lebens" hat Inanna behalten. Wenn sie wieder am Himmel als neue Sichel erscheint, werden beide, das „Auge des Lebens" und das „Auge des Todes", mit ihr wandern, wachsen und abnehmen, als Zeichen der Wandlung, die sie bei ihrem Abstieg erfahren hat. Daher ist es für mich von besonderer Bedeutung, daß der Mythos mit diesen Worten endet: Wie Inanna selbst in die „Hand des Ewigen" gegeben war und sich seinem unpersönlichen Gesetz völlig anheimgeben mußte, um seine Wahrheit zu erfahren, so gibt sie dies Gesetz nun weiter an den König von Uruk, Dumuzi. Doch nicht nur an ihn persönlich, sondern nach sumerischer Überzeugung – der ich mich gut anschließen kann – an alle Machthaber und Herrscher, die Dumuzi auf dem Thron folgen. Im Licht stehen und im Todesschatten sein sind jetzt Ausdrucksformen desselben Gesetzes und verlangen Achtung. Wie anfangs das wachsende Licht Inannas Verehrung erfuhr und immer wieder am Neumondfest begrüßt wird, so wird nun auch die dunkle „heilige Ereschkigal" gepriesen. Sie ist von ihrer Abgespaltenheit im „Großen Unten" erlöst – ebenso wie Inanna von ihrer unvollständigen Einseitigkeit.

In Gestalt der Todesdämonen haftet die Unterwelt an Inanna, sie ist ein Teil von ihr geworden. So wie im griechischen Mythos die Erinnyen den Orestes nach seinem Muttermord umschwirren, bis er die „Hand des Ewigen" endlich anerkennt und sich dem göttlichen Urteil, seiner inneren Wahrheit, stellt, genauso geschieht es hier: Die Dämonen stürzen sich auf Dumuzi und lassen ihn nicht mehr los.

Und welche Schuld hat er auf sich geladen? Als Inanna nach Uruk zurückkehrt, gezeichnet von der Unterwelt und belagert von den Dämonen, thront Dumuzi gerade in Glanz und Pracht und spielt die Hirtenflöte. „Er rührte sich nicht", als er Inanna sah, so verzeichnet es der Mythos einsilbig. Diese Starrheit und Kälte war das Signal für die Dämonen, ihn zu packen. Er zeigt kein Mitgefühl, keine Trauer, für ihn geht das Leben munter und glanzvoll weiter, als sei nichts geschehen. Noch nicht einmal vom Thron steigt er herab, um die Göttin zu begrüßen, durch deren ME er doch wurde, was er ist. Anders Ninschubur und Inannas Söhne: Sie haben Trauerkleider angelegt und Inannas Unterwelterfahrung Anteilnahme und Achtung erwiesen. So wird die Göttin von ihm buchstäblich herabgesetzt, und zwar in doppelter Hinsicht: als göttliche Gemahlin und als von Ereschkigal Gezeichnete. Deshalb heftet sie das objektive „Auge des Todes" jetzt auf Dumuzi.

Dennoch hat Dumuzi noch eine Chance, denn es fällt auf, daß er nicht sofort dem Tod überantwortet wird, sondern Aufschub gewinnt – im Gegensatz zu Inanna. Er könnte also diese Zeit nutzen, um den Schuldspruch aus dem Munde der Göttin innerlich zu prüfen oder ihre Verzeihung zu erbitten, sich also mit seiner inneren Liebesfähigkeit und Reife auseinanderzusetzen. All das geschieht nicht. Statt dessen beklagt er wortreich sein Geschick und ergeht sich in Selbstmitleid. Auch mit magischen Verwandlungen durch den Sonnengott versucht er die Flucht, doch vergeblich.

Diese Szenen, im Mythos breit ausgeführt, zeigen, daß Dumuzi kein Verbrecher ist, sondern eher unreif, oberflächlich und eitel. Darin ist er weit entfernt von seinem eigenen Vater Enki, von dessen emotionaler Weisheit und verstehendem Mitgefühl. Er verleugnet Trauer, Angst und Schuld. An der Göttin der Beziehung hat er wenig Anteil, denn seine Beziehungsfähigkeit ist nicht entwickelt. Statt dessen kreist er lamentierend um sich selbst und kann nicht sehen, daß er Inanna verletzt hat.

Auch heute zeigt die Beobachtung, daß sehr oft die Frauen das Leiden an einer ungut verlaufenden Beziehung auf sich nehmen, bis dahin, daß sie sich als unfreiwilliges Opfer ihrer an Beziehung weniger interessierten Männer verstehen. Diese Art des Leidens an der gemeinsamen Beziehung auch gemeinsam bewußtzumachen und sich gemeinsam darum zu bemühen, das kann für beide Partner zu einer Kraft werden, die das eigene, aber auch das gemeinsame Rückgrat stärkt. Eine solche Beziehung wächst nicht an der Harmonie, sondern an der Disharmonie. Entzieht sich aber der Mann diesem Bewußtseinsprozeß, entscheiden sich viele Frauen zur Trennung und schlagen ihren eigenen Weg ein.

Das Dumuzi-Problem mit Männern schildern viele Frauen mit ähnlichen Beispielen: Da geht ein Gespräch noch bis in die Nacht, und die Ehefrau ringt um die rechte Erkenntnis und um die Worte, was in dieser Partnerschaft falsch läuft. Sie will ihn einbeziehen und läßt nicht locker, es quält und schmerzt sie. Von ihm

hört man inzwischen ein leises Schnarchen: Er ist entschlummert. Dieses Beispiel karikiert zwar das Problem, zeigt aber den Schmerzpunkt deutlich. Indem
der Mann entschlummert, entzieht er sich seiner Mit-
verantwortung und überläßt sich den Armen der Großen Mutter – als „ihr verwöhnter Sohnemann, der ein-
fach nicht erwachsen werden will", wie es eine Frau
formulierte.

Diesen Frauen – oder auch Männern – ergeht es wie
dem verwundeten Amfortas, der auf ein einziges wartet: daß Parzival endlich die Frage des Mitgefühls stellen möge, die schlichte Frage: Warum? Warum leidest
du? Warum verurteilst du mich? Mit dieser Frage bau-
en wir die Brücke des Verstehens zum anderen, auf der
Begegnung möglich wird.

Dumuzi fragt nicht: Warum, Inanna? Warum zog es
dich in die Unterwelt? Warum triffst du mich mit dem
„Auge des Todes"? Inanna fragte an jedem der sieben
Tore der Unterwelt: „Warum?" Statt dessen versteckt
sich Dumuzi und jammert wie ein „Sohnemann".

Ist das so schlimm? Steht nicht jedem sein Stück
Unreife zu, die ja auch Chance zum Wachstum bedeutet? Ein wenig liebenswerte Kindlichkeit? Der Mythos
will nicht menschliches Verhalten entschuldigen, sondern setzt ein Menschenbild, das für die Göttin der
Beziehung als ihr Gegenüber geeignet ist. Der Herrscher eines Landes gilt als das Modell des Menschen
schlechthin, denn er ist von der Göttin erwählt und in
sein Amt berufen. Für sein Volk ist er zugleich Mittler
zur göttlichen Welt. Dumuzi hat sich für die Heilige
Hochzeit und für das Königsamt entschieden und wird
von Inanna mit diesem Maß gemessen – einem Maß,
dem sie sich selbst gerade unterworfen hat. Sie „ver-
ordnet" ihm deshalb mit göttlicher Strenge die Ausein-

andersetzung mit der Unterwelt und die Begegnung mit Ereschkigal. Er soll seine eigene Dunkelheit erkennen und zu ihr stehen lernen, um ein ganzer Mensch zu werden.

Unbefriedigt ist und bleibt Dumuzis Geschichte, weil er nicht freiwillig „die Ohren spitzt" und aus innerer Einsicht entscheidet, den Initiationsweg zu gehen wie Inanna, sondern bis zuletzt Ausflüchte sucht. Wie bereitwillig nimmt er dagegen das Selbstopfer seiner Schwester Geschtinanna an!

Trotz ihres strengen Schuldspruchs, der dem Ereschkigals genau gleicht, mildert Inanna am Ende Dumuzis Geschick. Auf Geschtinannas Wunsch verfügt sie, daß ein jeder abwechselnd eine Hälfte des Jahres in der Unterwelt, die andere Hälfte im Land der Lebenden verbringen solle.

Hier zeigt sich, was Dumuzi, der Vertreter der männlichen Welt und der herrscherlichen Macht, wirklich braucht – nicht magische Verwandlungen durch den männlichen Sonnengott, die ihn nur scheinbar und aus opportunistischen Grunden verändern, damit alles schön „beim alten bleibt", sondern Dumuzi braucht die weibliche Seite: seine Schwester und seine göttliche Gemahlin, um mit ihrer Begleitung das dunkle Reich des Weiblichen, Ereschkigal, kennenzulernen und die „Hand des Ewigen" zu erfahren.

Wer ist diese Geschtinanna, die so bereitwillig das Schicksal des Bruders teilt? Wie er gehört sie zur Pflanzenwelt, sie heißt „Herrin des Weines". Sie ist schriftkundig und versteht sich auf die Traumdeutung. Damit verkörpert sie neben Ninschubur einen weiteren Aspekt weiblicher Weisheit. Mit ihrem Namen zeigt sie uns, daß sie als eine frühe Vorgängerin des Dionysos gelten kann und wie er das intuitive Wissen und die

117

Sehnsucht nach Verschmelzen und Hingabe verkörpert. Sie verfügt über Gaben, die ihrem Bruder, aber
auch Inanna bis jetzt fehlen. Die letzten Verse des Mythos erzählen, wie Inanna und Gescht-Inanna miteinander in die Einöde wandern, um Dumuzi zu suchen.
Schwesterlich wirkt nicht nur beider Namensverbin-
dung, sondern auch das Mitgefühl für Dumuzi. Mit
Gescht-Inanna hat Inanna einen neuen Wesenszug
hinzugewonnen: den des Mitleids und der aufopfern-
den Hingabe. Vielleicht haben die gemeinsamen Klagelieder in Uruk Inannas Herz weich gestimmt, so daß sie
Sehnsucht, Zärtlichkeit und Mitgefühl für den leiden-
den Dumuzi jetzt zulassen kann – an der Seite Gescht-
Inannas und mit ihr im Bunde.

Inanna vollendet den Zyklus

Der gemeinsame Weg der beiden Schwestern, die
den weinenden Dumuzi „bei der Hand" nehmen,
schließt den Mythos von Inanna ab. Er führt zur Ganzheit der Mondgöttin auf einer neuen Stufe. Wenn wir in
allen drei „Schwestern" Inannas Bereicherungen ihres
eigenen Wesens erkennen – denn mit allen dreien ist
sie eng verbunden, als der Mythos endet –, so verkörpert Inanna eine Vierheit des mondhaft Weiblichen:

INANNA
Königin des „Großen Oben"
und des Mondes
Göttin der Liebe, Beziehung,
Fruchtbarkeit und Wandlung

GESCHTINANNA	NINSCHUBUR
Herrin des Weines,	Königin des Ostens
schrift- und traum-	und des Morgensterns.
kundig.	Spirituelle Weisheit und
Intuitive Weisheit,	überlegene Klugheit
selbstlose Hingabe	
und Verschmelzen	

ERESCHKIGAL
Königin des „Großen Unten"
und des Dunkelmondes.
Göttin der verdrängten
Instinkte und Affekte,
der beharrenden Materie und des Todes

Inanna als Anregerin der Lebensprozesse und Nährerin der Menschen

Mit den Lebensphasen der Mondgöttin, in denen sie uns sichtbar am Himmel erscheint, haben wir uns beschäftigt. Ebenso sorgt Inanna in den Lebensrhythmen der Natur für Verwandlung und neue Geburt und für Speise und Trank der Menschen. In Inannas Mythos verkörpert Dumuzi auch das Reich der Nahrungspflanzen und herrscht oben auf der Erde von der Heiligen Hochzeit an, nach sumerischer Erfahrung entsprach das der Zeit von der Tagundnachtgleiche im September bis zur Tagundnachtgleiche im März – also im sumerischen Frühling und Frühsommer. Im darauffolgenden Hochsommer ist Erntezeit, und Dumuzi stirbt in der lebensfeindlichen Trockenheit; sein pflanzlicher Leib geht in die Scheunen und Vorratshäuser ein. Inanna gilt als die Besitzerin der Vorratshäuser für die Dattelernte, als eines ihrer Embleme gilt der Dattelzweig (vgl. Abbildung S. 22).

Wenn Dumuzi gegangen ist, löst Geschtinanna, die „Herrin des Weines", ihn ab: Sie blüht und reift vom März bis zum September, dem sumerischen Herbst und Winter, dann wird sie „geopfert". Die Trauben werden in die Pressen gefüllt, und der Saft wird vergoren, bis er sich in köstlichen Wein verwandelt hat. In beiden Bereichen, oben und unten, dienen Bruder und Schwester dem Leben der Menschen. Deshalb übergab Inanna Dumuzi „der Hand des Ewigen", damit er die Menschen ernähren und ihrer Lebenskraft dienen kann – und Geschtinanna sorgt für die Gabe des „geistlichen" Getränkes.

So bleibt schließlich der Zorn der großen Göttin nicht als ein persönlicher Fluch auf Dumuzi haften, um ihn ewig zu verfolgen, sondern er verwandelt sich in eine lebenspendende Kraft.

Inannas Mondrhythmus von Wachsen und Abnehmen, Fülle und Tod entspricht zwar in seinem Ablauf dem Rhythmus Dumuzis und Geschtinannas, aber nicht in seiner zeitlichen Dauer. Die Mondin durchläuft ihn einmal monatlich, Dumuzi aber einmal jährlich und beweist damit auch seine enge Beziehung zum Sonnengott Utu und dessen jahreszeitlichem Wandel. Entsprechend ist ja die Vegetation, die lebendige grüne Pflanze, tatsächlich ein Kind des „Sonnenvaters" und der „Mondmutter".

Unter dem Einfluß des Sonnenlichtes gestaltet sich in der grünen Pflanze die chemische Reaktion der Photosynthese. Das Pflanzengrün, das Chlorophyll, kann als einziger „Organismus" auf der Erde selbständig aus dem Licht eine ihm gemäße Form der Energie gewinnen. Alle anderen Organismen erhalten ihre Lebensenergie aus der Nahrung, die aus dem Prozeß der Photosynthese stammt! Das Opfer Dumuzis ist wahrhaft für die Erde lebensnotwendig. Tagsüber im Licht der Sonne baut die Pflanze Kohlehydrate aus Kohlendioxid und Wasser auf. Dadurch bildet die Pflanzenwelt tagtäglich eine riesige Menge organischer Substanz, jährlich etwa 10^{11} Tonnen. Daraus nehmen wir „unser täglich Brot". Zudem sorgen die Pflanzen für eine ständige Erneuerung unserer Atemluft: Sauerstoff fällt sozusagen als „Nebenprodukt" während der Lichtreaktion ab. Für diesen wunderbar ausgewogenen Prozeß liefert die Sonne auch die nötige Energie, um ihn zu aktivieren.

An einem Beispiel, das die meisten von uns „vor ihrer Haustür" finden, sollen diese abstrakten Zahlen Leben gewinnen: an einer hundertjährigen Buche. Sie trägt etwa 200 000 Blätter. Die Blätter bilden, wenn man sie sich wie einen Teppich ausgebreitet vorstellt, eine Fläche von 1200 Quadratmetern. An einem Sonnentag mittlerer Länge vermögen diese Buchenblätter 9400 Liter Kohlendioxid zu assimilieren (das zum Beispiel aus der ausgeatmeten Luft von Mensch, Tier und Pflanze und bei der Verbrennung der Brennstoffe anfällt und dessen Konzentration in der Luft uns töten würde). Dafür schenkt diese Buche 9400 Liter Sauerstoff an ihre Umgebung (das entspricht dem Sauerstoffgehalt von 45000 Litern Luft). An einem Sonnentag bildet sie eine Menge von 12 Kilo Kohlenhydrat in ihren Blättern.[24]

Die „Mondmutter" wiederum hat ihren Anteil daran, indem sie für den Wasserhaushalt der Pflanzen sorgt und ihn ordnen hilft. So sinken bei Trockenheit die Photosyntheseleistungen der Pflanzen, aber Bewässerung und höhere Luftfeuchtigkeit vermehren sie wieder. Die Mondin wirkt im makrokosmischen Bereich auf die Gezeiten der Meere, die Wetterbildung und die Luftfeuchtigkeit ein, im mikrokosmischen Bereich beeinflußt sie das Steigen und Sinken der Pflanzensäfte entsprechend dem eigenen Rhythmus der Pflanze und wirkt auf ihre Wachstumskräfte von der Keimung und Wurzelbildung bis hin zur Frucht.

Das aus langer Erfahrung stammende Heilwissen und die Bauernweisheit kennen selbstverständlich seit Jahrtausenden diese Zusammenhänge, doch von seiten der wissenschaftlichen Forschung bestand bisher Zurückhaltung. Das mag daran liegen, daß noch immer das Urteil des „astrologischen Aberglaubens" an der Mondin und ihren Wirkungen haftet, daß aber auch die Erforschung dieser Zusammenhänge zu zeitaufwendig und wenig ergiebig erscheint. Die Mondwirkungen sind subtiler als die der Sonne und auch vom jeweiligen

Mondstand und den Phasen abhängig, so daß ein langer Beobachtungszeitraum und eine Fülle Vergleichsmaterial vonnöten wären, um zu gesicherten Ergebnissen zu gelangen.

Doch einiges können wir wissen und haben es bereits im Kapitel über die Mondrhythmen angeschnitten: Durch seinen Magnetismus übt der Mond eine besondere Wirkung auf das Wasser aus. Die Gezeiten sind jeweils bei Vollmond und Neumond am stärksten, da sich dann Mond und Sonne auf einer Ebene mit der Erde befinden und ihre Wirkung der Anziehung verstärken. So entsteht zweimal monatlich die Springflut.

Von dieser Anziehungskraft ist auch der Wasserhaushalt der Lebewesen abhängig und die Rhythmen der Fortpflanzung im Reich der Pflanzen, Tiere und Menschen. Zum Beispiel ergaben ausführliche Experimente mit Möhren, Radieschen, Kohl, Tomaten, Kopfsalat und Mais, daß der günstigste Saattermin „zwei Tage vor Vollmond" sei, wie Lily Kolisko berichtet. Diese Pflanzen keimen also am besten bei Vollmond. Dies Ergebnis bestätigt alte Bauernregeln. Neuere amerikanische Forschungen erweisen, wie besonders Voll- und Neumond auf das Pflanzenwachstum einwirken.[25] Auf diesem Gebiet können wir sicher noch erhellende Ergebnisse erwarten. Wie stark der Mondrhythmus auch den weiblichen Organismus beeinflußt, hat uns bereits beschäftigt.

Mich persönlich interessiert dabei besonders, ob neben der Massenwirkung des Mondes auch das Mondlicht selbst durch seine spezielle Zusammensetzung eine eigene Wirkung ausübt, die bei Vollmond am stärksten sein dürfte.

Die Sitten einiger Naturvölker und unserer keltischen Vorfahren geben darauf interessante Hinweise.

Eskimofrauen, die fruchtbar sein wollen, und Breto-
ninnen setzen sich noch heute dem Licht des Vollmondes aus; andere, die nicht gebären wollen, meiden es.
Auch hierzulande hört man manchmal, das Vollmondlicht mache Frauen schöner und verjünge sie. Die Eski-
mos wollen wissen, daß der Mond nachts ihre Frauen
besuche und sie schwängere, aber auch ihre Blutung
bewirke. Bei anderen Völkern glaubt man mehr an eine
Lichtbefruchtung durch die geöffneten Augen der
Frauen, wenn sie nachts zum Mond aufsehen: Der
Mondmann verliebt sich in sie, wenn er in ihre ent-
spannten Gesichter schaut – im Gegensatz zum Son-
nenmann, der sich über die halb zugekniffenen Augen
und die verzerrten Gesichter der Frauen ärgert, wenn
sie zu ihm hinblinzeln. Daher will er sie auch nicht
heiraten.

Was mag es mit diesen Erzählungen auf sich haben?
Meinen sie mehr eine innere, psychische Wirkung des
Vollmondes, oder beruhen sie auf photobiologischen
Erfahrungen?

Viel konnte ich zu meiner eigenen Enttäuschung dazu nicht ausfindig machen, aber immerhin soviel: Von
den Strahlen des Sonnenlicht-Spektrums wählt der
Mond nur Strahlen einer bestimmten Wellenlänge aus,
die er reflektiert, vor allem einen hohen Prozentsatz
ultravioletten Lichtes. Wie jede Farbe des Spektrums
hat auch das ultraviolette Licht bestimmte Wirkungen
auf den Organismus. Da der Mond es in sehr schwacher
Dosierung abstrahlt, wird es kaum schädliche Wirkungen haben. Das ultraviolette Licht vermag zum Beispiel
Wasser zu reinigen und von Bakterien zu befreien. Es
wird daher im klinischen Bereich eingesetzt, um Räume zu desinfizieren – eine preiswerte und unschädli-
che Art, Krankheitskeime zu töten. Ich weiß auch von

Aquarienbesitzern, daß sie mit violettem Licht ihre Aquarien bestrahlen. Der Hauptanteil der ultravioletten Strahlung stammt natürlich von der Sonne, doch nur während des Tages. Des Nachts sorgt dann das Mondlicht – wenn es nicht von Wolken verdeckt wird – für die Reinheit der Luft und des Wassers. Eine schöne Arbeitsteilung auch hier!

Neben der reinigenden Wirkung mag noch eine dämpfende, beruhigende Wirkung hinzukommen. Vom violetten Licht, das ja im Spektrum an das Ultraviolett grenzt, weiß man schon lange, daß es das zentrale Nervensystem beeinflußt – eine Art „Morphium" unter den Farben. Im alten China hat man daher Epileptiker mit Violett umgeben, sie auf violette Teppiche gelegt, um die Anfälle zu dämpfen. Es regt zu Ruhe und Schlaf, aber auch zu Trance-Zuständen an. Diese Wirkung des Violett paßt sehr gut zum Mond und zu der von ihm ausstrahlenden „Magie". Vielleicht kann dies als eine weitere kleine Bestätigung dafür dienen, daß es auch biologisch und organisch – nicht nur seelisch oder psychisch – auf uns wirkt, wenn wir uns vom Licht der Mondin umhüllen lassen. Die Tiere und Pflanzen tun das seit eh und je – denn „bei Vollmond tanzen Tiere und Pflanzen" ihren „Trance-Tanz". Wir Menschen können wählen, ob wir das Mondlicht wieder mehr in seine alten Rechte einsetzen wollen – neben dem Licht des Tages und den unzähligen künstlichen Lichtern.

Eine nur fünfzehnminütige Bestrahlung mit Mondlicht stimuliert das Keimen von Tabaksamen (der Tabak gehört wie die Mistel zu den Lichtkeimern); und die Kalorienmenge, die die Pflanzenpigmente bei Mondlicht speichern, ist mit der Energiemenge aus der Photosynthese durchaus zu vergleichen.[26]

Das Geheimnis des Opfers

Von den Jungfrau-Göttinnen Griechenlands hat besonders Artemis den Charakter des zunehmenden Mondes an sich gezogen. Sie ist mit Apollon als der göttlichen Sonne geschwisterlich verbunden so wie Inanna mit Utu. Sie wurde nicht nur als die himmlische Hebamme angerufen, um die Geburt einzuleiten, sondern ebenso als die große Nährerin der Menschen. In der orphischen Hymne „Der Artemis", einem hymnischen Gebet aus der griechischen Antike, kommen wir dem Geheimnis ihrer nährenden Kraft mehr auf die Spur. Ebenso wie Inanna spendet Artemis einen paradoxen Segen: Für die einen heißt sie „männernährend" und die „gnädig Fügende", den anderen Lebewesen schickt sie den Tod.

Der Menschen männernährende Gottheit;
Ambrosische, Göttin der Erde,
Tiertötende, gnädig Fügende...
Herrliche Früchte entsende der Erde,
Frieden und lieblich gelockte Gesundheit.

Hier wird noch einmal deutlich, daß die Mondgöttin doppelgesichtig ist. Damit unsere Menschenkraft sich erneuern und wir an Leib, Seele und Geist wachsen können, geben andere Lebewesen ihre Energie und ihr Leben. Das Wild wird gejagt und getötet, und die Pflanzen spenden das „Ambrosia", das die „ambrosische" Göttin, die auch die Pflanzenwelt regiert, als eine Speise der Unsterblichkeit an die Götter und die Menschen weitergibt.

Was es mit diesem geheimnisvollen Ambrosia auf sich hat, neben dem Nektar die Speise der Unsterblichen, schildern uns die indischen Mondmythen. Hier sind die wechselnden Phasen des Mondes eng mit dem Gedeihen und Sterben der Soma-Pflanze verbunden. Leert sich die Mondschale, so strömt Regen auf die Erde herab, und die Soma-Pflanze kann sprießen und gedeihen. Nimmt aber der Mond zu, füllt sich also seine Schale immer mehr – unsere stehende Mondsichel erscheint am südlichen indischen Himmel ja als Schale –, so bedeutet das den Tod, das Opfer der heiligen Pflanze, denn sie wird geschnitten, zerkleinert und gepreßt, um mit ihrem berauschenden Saft die Mondschale zu füllen. Beim Vollmondfest wird die volle Schale den Göttern zum Trinken angeboten. Das Soma dient ihnen als Elixier, ihre geistige oder unsterbliche Energie ständig zu erneuern. Der Genuß dieses Trankes befähigt zum Beispiel den Götterkönig Indra dazu, die Weltordnung zu gestalten und zu erhalten. Zugleich hängt vom Strömen des Soma auch der Regenfluß ab, der die Erde wiederum zu neuem Wachstum anregt. (Vgl. die Häufung der Regenfälle um die Zeit des Voll- oder Neumondes!) Wenn Sterbliche den Soma-Trank während des Rituals genießen, treten sie in einen göttlichen Bewußtseinszustand ein: den der Glückseligkeit oder des ÂNANDA, den „reinen Genuß der wahren Existenz". In diesem Bewußtsein hört das Haften am Irdischen und Alltäglichen auf, und der Geist weitet sich und wird vom göttlichen Geist-Licht erfüllt. Auf dieser Ebene begegnet – mythologisch gesprochen – der Feiernde den Göttern. Diese hohe spirituelle Erfahrung fußt aber – und das ist hier das Entscheidende – auf dem Opfer der Pflanze. Der „König der Heilpflanzen" verschenkt sein „Blut" und gibt sich dem Rhythmus des Wachsens und „Siechtums" bis zum Tod anheim. Der Ehrentitel des Königs – auch Dumuzi ist ja ein

König – unterstreicht noch einmal die Ehrfurcht der Inder vor der Pflanze.

Ihr Kostbarstes gibt die Pflanze den Menschen, damit er zur „Krone der Schöpfung" werden oder es sein kann: die Blütenessenzen, die Pflanzenöle, die Düfte – nach altägyptischem Glauben machen der Duft und der Pflanzenbalsam einen Sterblichen den Göttern gleich –, Nektar, aber auch Blütenpollen, Honig und das berühmte Gelee Royale sind solche essentielle Speise. Nicht zu vergessen die große Familie der Heilkräuter und Heilpflanzen, die uns zur „lieblich gelockten Gesundheit" dienen, mit der großen Gruppe der Nahrungspflanzen und Früchte, die uns alle Tage nähren.

Es ist mir sehr zu Herzen gegangen, als ich bei Christian Morgenstern folgenden Satz fand, mit dem er die Tiere und ihre „Verdienste an uns" würdigt. Von den Pflanzen könnte ich ebenso sprechen: „Ganze Weltalter von Liebe werden notwendig sein, um den Tieren (und den Pflanzen) ihre Dienste und Verdienste an uns zu vergelten."

Die Mondin ist Urbild und Vorbild für dieses Selbstopfer, sie gibt sich selber hin an die Verminderung, das „Siechtum". In den Mythen der Mondgottheiten wird in dieses Opfer auch ihr Eigentum oder ihr Gefolge einbezogen. Inanna gibt ihren Gemahl hin, Artemis als die Herrin der Tiere tötet bei der Jagd Wild aus ihrem Tiergefolge.

Dieser tiefe Opfergedanke ist uns Heutigen fremd. Wir wollen nichts opfern, sondern alles haben und behalten, ja den Besitz vermehren – je mehr, desto besser. Wenn dies die Einstellung und die Norm einer ganzen Gesellschaft ist, fällt es dem einzelnen schwer, gegen diesen kollektiven Strom zu schwimmen. Er gilt schnell als absonderlich und hält sich womöglich bald selbst dafür. Und doch leuchtet es jedem Einsichtigen ein, daß der andauernde Fortschritt und die Mehrung der einen nur möglich ist, weil auf der anderen Seite fortwährend Opfer gebracht und andere gemindert werden. So müssen wir es heute im globalen Rahmen mit tiefer Sorge beobachten, wie der materielle Fortschritt der sogenannten „ersten Welt" die „dritte Welt" in immer tieferes Elend bringt. Für die ausbeuterische Haltung gegenüber der Pflanzen- und Tierwelt gilt das gleiche.

Hier kann nur ein grundlegender Bewußtseinswandel, ein neues Denken des einzelnen und der Gesellschaft den verhängnisvollen Kreislauf anhalten. Ein Teil dieses Bewußtseinswandels könnte darin bestehen, die enge Verbindung und Vernetzung der Völker, ja aller Lebewesen untereinander zu erkennen und zu meditieren. Der Slogan der Naturschützer drückt dies zwar negativ aus, meint aber diese Verbindung: „Erst stirbt der Wald, dann stirbt der Mensch."

Sinnvolles Handeln beginnt im Bewußtsein. Das Mond-Bewußtsein Inannas beruht auf einem Gleichgewicht von Fülle und Leersein und darauf, daß beide keine statischen Zustände, sondern in fließender Bewegung sind. Den Gegensatz von Opferndem und Opfer finden wir bei ihr nicht, denn sie ist ja beides in einer Person – nur zu verschiedenen Zeiten und an verschiedenen Orten. Durch Inanna öffnet sich mir jetzt die Bedeutung eines dunklen Satzes aus den heiligen Schriften der Inder noch einmal neu: „Ich bin der Speisende und die Speise, der Jäger und das Wild."

Wie kann man einen solchen Gedanken in die Tat umsetzen, ihm eine äußere Gestalt geben? Die meisten Menschen, die ich kenne, haben bereits ein „grünes"

Bewußtsein und achten bei ihren Einkäufen und alltäglichen Verrichtungen darauf, ihre „Umwelt" nicht mehr als nötig zu belasten. Sie wissen, daß ihr Leben und Überleben davon abhängt. Dies ist die eine Seite der Gestaltung. Die andere ist eine spirituelle. In den religiösen Feiern und Riten aller Zeiten und Völker wird ein Dankopfer begangen, um diese tiefe Verbundenheit des Gebers, der Gabe und des Beschenkten auszudrücken. Am Ende eines jeden Gottesdienstes, einer jeden Messe erklingt das „Gratias ago", ein gesungenes oder gesprochenes Dankgebet. In anderen Kulten wird dieses Dankgebet mit einer Opfergabe verbunden, die der Dankende darbringt, eine symbolische Handlung dafür, daß er sich selber gibt. Das ist es, was gemeint ist: Gabe, Geber und Beschenkter sind eins. Eine Imagination oder Meditation kann der symbolischen Handlung vorausgehen oder sie begleiten: Wir verfolgen zum Beispiel den Weg eines Brotes oder eines anderen Nahrungsmittels bis hin zu seinem Ursprung – bis hin zum Weizenkorn und seinem grünen Keimling, dem Kind von „Vater Sonne" und „Mutter Mond", bis in die Erdkrume, die es nährt. Ebenso den Weg eines Fleischgerichtes zurück zu dem Tier, das seinen Leib gegeben hat. (Die indianischen Jäger haben für die erlegten Büffel Dankrituale abgehalten, um sich mit dem Geist der Tiergattung zu verbinden und ihn zu versöhnen; sie haben das Opfer des Tieres zu ihrer Ernährung ernst genommen und daher nicht mehr Tiere erlegt, als sie zum Leben brauchten.) Ein solches bewußtes Dankritual für das Fleisch, das wir genießen, kann zu zweierlei führen: Das Mahl bekommt uns besser, denn die Seele ißt bekanntlich mit; oder wir essen weniger beziehungsweise gar kein Fleisch mehr und werden Vegetarier.

Dies wäre ein kleiner Schritt, die Tradition unserer gesellschaftlichen Unwissenheit zu überwinden und Inanna ernst zu nehmen.

Ein Forscher unserer Zeit beschreibt seine visionäre Schau des Pflanzenreiches – es klingt wie eine Liebeserklärung an die „heilige Grünkraft". Als er in das Grün eintaucht, spürt er in ihm „fühlende, pulsierende Lebensessenzen, wenn auch deutlich in Gestalt von Gräsern, Blumen, Büschen und Bäumen. Die Welt ist ein vitales Meer wogender Pflanzen, sie sind beseelt bis in die feinsten Äderchen, und ihr hervorstechendes Merkmal ist, daß sie *geben – unausgesetzt geben*. Mit aller Geduld, mit ihrem saftigen grünen Rhythmus geben sie ihre Essenz an die Umgebung ab und verleihen ihr einen einzigartigen, grün-leuchtenden Schein. Teilzuhaben an ihrem Rhythmus und ihrer Essenz macht mich zugleich sprachlos und dankbar. ... Mitten in der Nacht darf ich an der Photosynthese teilnehmen, an einem Akt lebender Alchimie."[27]

Eine imaginierte Begegnung zwischen Inanna und Maria
Schlußbetrachtung

Ich stehe vor dem Marienaltar im Heiliggeist-Hospital in Lübeck. Wie ich so stehe und schaue, schaue und lausche, ist mir, als öffne die Mondin ihren Mund. Ich höre zu, was die Göttin Inanna der Madonna zu sagen hat – nach jahrhundertelangem oder jahrtausendelangem Schweigen.

„Hast du überhaupt je bemerkt, Maria, daß ich hier unten bin? Jetzt könnte die Zeit reif sein, daß du und ich bekannt miteinander werden. Ich weiß von dir schon lange, denn dein Fuß ruht auf meinem Kopf. Aber du hast mich noch nicht wahrgenommen. Lange, lange habe ich dich verachtet und gedacht: Die läßt sich zur Himmelskönigin krönen und schwebt in höheren Sphären. Was weiß sie überhaupt vom Himmel und seinen Herrschern? Was weiß sie vom Menschenleben, was hat sie den Fernen hoch da oben überhaupt entgegenzusetzen? Ihre weibliche Kraft gewiß nicht, denn sie ist keine Göttin in ihrer Fülle. Eher ein ewiges Mädchen, eine reizende Tochter von Vaters Gnaden. Sie hat sich gewiß nicht mit der triebhaften Lilith und der unbezähmbaren Schlange auseinandersetzen müssen, um Thron und Bett zu gewinnen! Hat sich ihren Platz auf der Welt und ihren eigenen Weg nicht mühsam unter dem Einsatz all ihrer Intelligenz suchen müssen! Und ob du je begeistert mit Leib und Seele geliebt hast? Ich bezweifelte es und verachtete dich dafür.

Die Schutzmantel-Madonna auf der Mondsichel

15. Jahrh., Altar im Heiliggeist-Hospital, Lübeck.
Der Bildtypus der Madonna auf der Mondsichel ist vom Spätmit-
telalter an häufig anzutreffen. Die Muttergottes mit ihrem Kind
steht auf einer nach unten oder oben offenen Mondsichel. Oft

zeigt die Mondsichel das alte, faltige Gesicht einer Frau, manchmal ist es schwarz.

Die Lübecker Madonna ist von einer goldenen Strahlenaura umgeben und trägt eine Krone. Aus diesen Symbolen wird deutlich, daß diese christliche Gottesmutter zur Himmelskönigin erhoben ist und so das Erbe der antiken Mond- und Himmelsgöttin angetreten hat. Der Mond war schon immer das häufigste Symbol der Muttergöttinnen oder weiblicher Gottheiten allgemein.

Neben diesem antiken Erbe der mit dem Mond verbundenen Göttin hat sicher zu diesem Bildgedanken noch eine bekannte Bibelstelle beigetragen. In der Apokalypse (Kapitel 12) schaut der Seher eine große Himmelsfrau, die von der Sonne „eingehüllt" und mit einer Krone von zwölf Sternen gekrönt ist (den zwölf Tierkreiszeichen?). Der Mond liegt unter ihren Füßen. Sie gebiert den Sonnensohn, den Herrscher der neuen Weltzeit.

Damit ist dem Mond seine Rolle zugewiesen: Er regierte das alte Zeitalter, das zum Untergang bestimmt ist.

Die Lübecker Schutzmantel-Madonna auf der Mondsichel verkörpert eine große mütterliche Himmelskönigin und läßt die Menschen unter ihrem Mantel Zuflucht finden: links die Geistlichen, rechts die Vertreter der weltlichen Macht. Für diese Szene hält die Mondin „ihren Rücken hin": eine weit ausladende, abnehmende Sichel mit einem großen, ausdrucksvollen Gesicht (vgl. Ausschnitt).

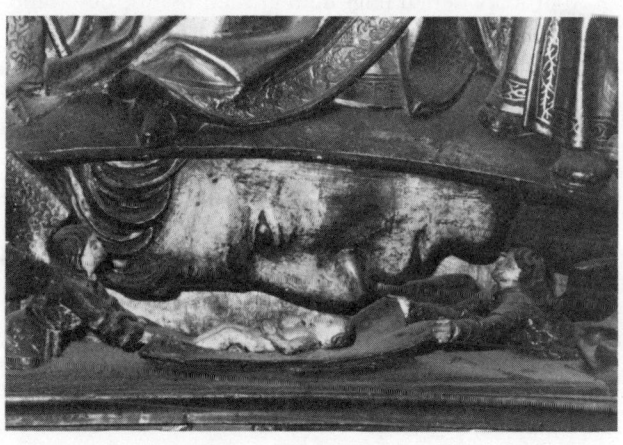

Und haßte dich, weil du mich keines Blickes würdigtest – mich, die einmal die Große Göttin hieß, Königin des Himmels und des Mondes.

Verbannt wurde ich von den Herren der Macht in die Finsternis unter deine Füße, das Gesicht zur Erde, die Augen zu Ereschkigal gewendet. Ich verstummte und erstarrte. Im Lauf der langen Zeit übernahm ich Ereschkigals Rolle – ich mußte es, damit das Gleichgewicht von Himmel, Erde und Unterwelt nicht völlig aus den Fugen geriet – ich tat es um des Lebens willen. Ereschkigal aber wurde ganz und gar vergessen und in noch fernere, tiefere Verbannung geschickt – von den fernen Himmelsherren und ihren Stellvertretern und von dir! So blieb ich in dieser Gestalt des abnehmenden Mondes, um die Menschen an die Inanna des Dunkelmondes zu erinnern, an die andere Hälfte der Wirklichkeit, wo aus dem Korn die Saat keimt und wo der Geist sich wandelt und erneuert in Demut. Doch diese meine Stellvertretung habt ihr mir nie gedankt, ja, ihr habt es noch nicht einmal bemerkt.

Aber alles Leben folgt dem großen Zyklus der Wandlung, der einem größeren Gesetz folgt als dem euren. So taucht auch die vergessene Mondin wieder auf als eine schmale Sichel am Horizont. Die Menschenfrauen haben mich heute wieder erweckt und meine Fackel neu entzündet. Sie fragen nach mir und öffnen meine Gruft der unfruchtbaren Vergessenheit. Jetzt erwache ich wie aus einem langen, schweren Traum, den ich nicht vergessen will. Denn du hast in diesem Traum mitgewirkt! Dich, Maria, sah ich als Mondin aufsteigen, wie ich einst aufstieg: schön, zart, klar umrissen, rein, verehrt und geliebt von der Erde und vom Himmel. Doch der Traum zeigte mir, du bist eine andere als ich! Du hast dich nicht selbst gekrönt, sondern hast

dich dem Auftrag hingegeben, reinen Herzens das große Licht zu spiegeln. Aus deinem Herzen sah ich ein
Licht strahlen – viel heller, als mein Licht je war, heller
als die Sonne. Dies Licht konnte hören und sehen, es
pulsierte wie Herzschlag und umhüllte alle, die es
schauten, mit seiner Güte. Es sprach Worte der Weisheit und Liebe, und jedes Wort nahm Gestalt an. Es
lauschte mit Ohren des Mitgefühls – viel feiner, als
selbst meine und Enkis Ohren je waren. Ich wußte
mich gesehen und gehört in meiner Dunkelheit – und
vergaß es gleich wieder und versank in Schwermut.
Dein Herz leuchtete als das Mondboot der himmlischen Weisheit – so schön, wie einst meine wunderbare Vulva leuchtete. Ich sah das alles im Traum – doch
ohne Neid; doch auch ohne Liebe. Jetzt bin ich erwacht und spüre deinen leichten Fuß, Maria, über mir,
deine Geduld und Großherzigkeit. Hast du etwa darauf
gewartet, daß ich erwache? Wer mag es gewesen sein,
der mir das schöne Mondkind unter die Augen gelegt
hat, daß es mich begrüße, wenn ich erwache? Welchen
neuen Geist kündet es an?"

Inanna schweigt. Ich schaue zu Maria, und mir ist,
als wende sich ihr Blick hinunter zum Gesicht Inannas. Sie antwortet nicht, doch ist ihr Schweigen voller
Einverständnis.

Wie ich noch vor dem Altar stehe, weiß ich mich
nicht mehr allein. Wir sind viele, die hier stehen, mit
Kerzen in den Händen, Männer und Frauen und auch
Kinder aus aller Welt, alle mit dem Zeichen der Pilger-
schaft auf ihrer Stirn. Es ist ein Weg der Erkenntnis,
und er wird vom Licht der beiden Mondinnen erhellt.
Wenn ich genauer hinsehe, gewahre ich, wie das helle
Leuchten, das Inanna in Marias Herzen gesehen und
dessen Botschaft sie gehört hatte, jetzt nicht mehr von

Madonna Platytera (Gottesmutter des Zeichens)

Transsilvanien, 18. Jahrh.
Sammlung Dr. S. Amberg, Kölliken, Schweiz.
© Buch-Kunstverlag Ettal.

Die christliche Mondin, die Gottesmutter, in der „Mondsichel-
Haltung" der Anbetung und Empfänglichkeit. Aus ihrem Herzen
leuchtet Christus als die geistige Sonne, das göttliche Licht. Sie
zeigt dieses Licht allen, die bittend zu ihr kommen.

Dieser tiefe Bildgedanke drückt die „Menschwerdung Gottes" auf eine besondere Weise aus: Die Materie – von mater, Mutter – hat sich dem göttlichen Licht geöffnet und läßt sich von ihm durchfluten – wie die Mondin vom Sonnenlicht. Es kann in der finsteren Nacht erscheinen, ausstrahlen und alles erleuchten. Der Typus der Madonna Platytera ist vor allem in der Ikonenmalerei der russisch-orthodoxen Kirche zu finden.

Die Erdverbundenheit der Madonna Platytera drückt sich meistens in der dunkelroten bis erdbraunen Farbe ihres Gewandes aus. Diese Madonna hier zeigt jedoch einen weißen Umhang in der Farbe des Mondes.

der Madonna herkommt, sondern aus dem Herzzentrum der vielen Menschen strahlt – bei manchen zart, bei einigen stärker und klarer. Wir brechen gemeinsam auf, und ich löse mich aus der Imagination.

Ja, wer mag es gewesen sein, der der Mondin das Kind unter die Augen gelegt hat?

Maria wird es wohl nicht gewesen sein. Wenn wir die ganze Komposition des Altarbildes betrachten, so deutet sich eine Antwort auf Inannas Frage an. Dies Kind ist das allerwinzigste Wesen des ganzen Altars, und es liegt an der tiefsten Stelle, noch tiefer als die Mondin. Die beiden Engel, die sein Laken an beiden Seiten halten, haben ihren Blick nach oben gerichtet – so, als seien sie in einem höheren Auftrag gerade herabgeschwebt aus der Höhe und hätten das göttliche Kind in der Tiefe niedergelegt, tiefer als die Mondin und unter ihre Augen. So tief hat sich das göttliche Licht herabgesenkt bis in Ereschkigals Reich, bis in die dichteste Materie. So tief hat Gott sich selbst ausgeatmet – wie die Hindus sagen –, daß nun der Umschlag erfolgt und sein Einatmen im großen Strom der Erlösung alles Geschaffene zu sich holt. An diesem kosmischen – und historischen – Wendepunkt liegt das Lichtkind, die Augen vertrauensvoll nach oben gewendet. Es kündet wirklich von einem neuen Geist: nicht Erlösung „von oben herab", sondern „von unten herauf". Es klingt der große Gedanke von der „Wiederbringung aller Dinge" an:

„Was euch quält,
was euch fehlt:
Ich bring alles wieder."[28]

Danksagung

Für ihre fotografische Hilfe danke ich Kurt Hämmerling und Jan Oliver Hämmerling aus Lübeck. Allen Menschen, die mich an ihren hellen und dunklen Erfahrungen teilnehmen ließen und so zu diesem Buch beigetragen haben, sage ich herzlich Dank.

Ich danke den Staatlichen Museen zu Berlin, DDR, für die Abdruckerlaubnis und das Foto des Inanna-Reliefs auf Seite 22.

Anmerkungen

1   Nach Jungs Psychologie entspricht Inanna dem Archetyp der Großen Göttin (nicht der Großen Mutter!).

2   Ihre wissenschaftliche englische Textfassung liegt meiner Arbeit zugrunde, vgl. Literaturverzeichnis unter Wolkstein.

3   Vgl. Harding: Frauenmysterien, S. 307 ff.; Woodman: Heilung, u. a.

4   Petra Künkel, S. 70. In ihrem Buch wählt sie die Kleinschreibung, der ich beim Zitieren ihrer Texte auch folge.

5   Das Ziegenfisch-Symbol kennen wir astrologisch als das Symbol für den Steinbock: der gehörnte Kopf mit Fischschwanz. In seinem Aspekt als Gott der Schwellen ist Enki mit Saturn verwandt.

6   Zum Zaubergesang des Schamanen vgl. Hämmerling: Orpheus, S. 65 ff.

7   Die Bedeutung des Ohres und des Hörens eingehend bei Tomatis: Der Klang des Lebens; Hämmerling: Kraft aus dem Ohr, a.a.O.

8   So Gebser: Ursprung und Gegenwart, Bd. 1, S. 127 ff.

9   Appel, S. 71 f.

10   A. Kent Rush, S. 250.

11   Appel, S. 73 f. – Die Berechnungen des Mondumlaufs gestalten sich natürlich komplizierter, als hier der Einfachheit halber dargestellt. In der Astronomie gibt es vier verschieden lange Monate, die sich nach dem Sonnenstand, dem Platz des Mondes im Tierkreis oder dem Mondknotenumlauf richten. So dauert der synodische Monat von Neumond bis zum nächsten Neumond 29 Tage und 13 Stunden, der siderische – nach dem Sternenstand – 27 Tage und acht Stunden usw. Dazu Cousto, S. 62 ff.

12   Schubart, S. 38.

13   U. a. R. Bog: Die Hexe, S. 77 ff.

14   von Franz: Spiegelungen, S. 132. Das Ende des Zitats ist eine Formulierung C. G. Jungs.

15 A.a.O., S. 133.

16 Buber, S. 25.

17 In: van Gennep: Übergangsriten; und M. Eliade: Mythen, S. 276 ff.

18 P. Künkel, S. 151–162.

19 Mit der „Unterwelt im Bauch" befaßt sich u. a. die Arbeit von Gerda Boyesen: Die Biodynamik.

20 Mit vielen Belegen bei U. Ranke-Heinemann, S. 25 ff.

21 Ursula Wolf, S. 39 f.; ferner Informationen von Indianern/innen aus persönlichen Gesprächen.

22 Die Astrologie kennt die Übergänge der langsam laufenden Planeten über das Geburtshoroskop und deutet die seelischen Prozesse, die mit ihnen verbunden sind. So kann sich zum Beispiel ein Uranus-Transit über ein Jahr, ein Pluto-Transit über mehrere Jahre hinziehen und seine transformierende Energie, die auf uns meistens tiefgreifend, schmerzhaft oder irrational wirkt, entfalten. Daher können uns gerade die Pluto-Transite intensiv mit Ereschkigals oder Plutos Unterwelt konfrontieren.

23 Paul Celan: Übertragungen, S. 36.

24 Das Beispiel habe ich gefunden bei Linder: Biologie. Stuttgart 1983, S. 108.

25 L. Kolisko: Die Landwirtschaft der Zukunft. Stuttgart 1957.

26 Beispiele dazu bei J. B. Thomas: Photobiologie. Stuttgart 1968.

27 M. Remann, esotera 9, Freiburg 1989, S. 27. In diesem Artikel geht es um psychedelische Drogen. Seine Vision verdankt der Autor zwar nicht dem Soma, aber dem Saft der Ayahuasca-Liane.

28 Aus dem Weihnachtslied „Fröhlich soll mein Herze springen" Vers 5.

Literaturverzeichnis

Appel, Walter A.: Biorhythmik, Niederhausen 1978

Bischof, Marco: Lebenslicht. Art. in: esotera 3, 1988, S.34 ff.

Bog, Rosmarie: Die Hexe, Zürich 1987

Brauchle, Alfred: Das große Buch der Naturheilkunde. Gütersloh 1977, S.230 ff.

Bräutigam, W., und Christian, P.: Psychosomatische Medizin, Stuttgart 1981

Buber, Martin: Die Erzählungen der Chassidim, Zürich 1949

Celan, Paul: Übertragungen aus dem Russischen – Alexander Blok, Ossip Mandelstam, Sergej Jessenin, S. Fischer Verlag, Frankfurt am Main 1986

Cousto, Hans: Die kosmische Oktave. Der Weg zum universellen Einklang, Essen 1984

Drewermann, Eugen: Ich steige hinab in die Barke der Sonne, Olten und Freiburg im Breisgau 1989

Eckhardt, N., und Odenwald, M.: Lebensfaden Licht. Art. in: Chanoon 2, 1988, S.7 ff.

Eliade, Mircea: Mond. Religion in Geschichte und Gegenwart. Band IV, Tübingen 1960

– Mythen, Träume und Mysterien, Salzburg 1961

– The Encyclopedia of Religion. Edition in Chief. 1987 N.K.

Franz, Marie-Louise von: Spiegelungen der Seele, Stuttgart 1978

Gebser, Jean: Ursprung und Gegenwart (3 Bde). (1949) dtv 1973

Gennep, Arnold van: Übergangsriten, Frankfurt/M. 1986

Gottschalk, Herbert: Lexikon der Mythologie, München 1979

Grigson, Geoffrey: Aphrodite, Bergisch Gladbach 1978

Hämmerling, Elisabeth: Orpheus' Wiederkehr. Der Weg des heilenden Klanges, Interlaken 1984

– Kraft aus dem Ohr. Art. in: esotera 5, 1989, S.48 ff.

Harding, Esther: Frauen-Mysterien. Einst und jetzt, Zürich 1949

Heyer, Gustav Richard: Der Organismus der Seele, München, o.J.

Hildegard von Bingen: Gott sehen, München 1987

Iglehart, Hallie: Weibliche Spiritualität, München 1987

Jaccottet, Philippe: Der Spaziergang unter den Bäumen, Zürich/Köln 1981

Jamblichus: Ueber die Geheimlehren, Schwarzenburg 1978

Jung, C. G.: Psychologie und Alchemie, Olten und Freiburg im Breisgau 1975

– Symbole der Wandlung, Zürich 1952

Kerényi, Karl: Die Mythologie der Griechen, Band I und II, München 1966

Koltuv, Barbara Black: Das Geheimnis Lilith: oder die verteufelte Göttin, München 1988

Künkel, Petra: Bruchstücke einer Mondin. Selbstverlag, Ahrensbök 1980

Lievegoed, Bernard: Der Mensch an der Schwelle, Stuttgart 1985

Lurker, Manfred: Götter und Symbole der Alten Ägypter, Bern/München 1974

– Wörterbuch der Symbolik, Stuttgart 1983

Der Mond – in Dichtung und Farbaufnahmen, Luzern und Frankfurt/M. 1967

Mythen der Völker, in drei Bänden. Hrsg. Pierre Grimal, Hamburg 1963

Neumann, Erich: Zur Psychologie des Weiblichen, Kindler TB o. J.

Orpheus. Altgriechische Mysterien, Köln 1982

Perera, Sylvia Brinton: Der Weg zur Göttin der Tiefe, Interlaken 1985

Ranke-Heinemann, Uta: Eunuchen für das Himmelreich, Hamburg 1988, S. 25 ff.

Roscher, Witt: Lexikon der griechischen und römischen Mythologie, Band VI, Hildesheim 1965

Rush, Anne Kent: Mond, Mond, München 1978

Schubart, Walter: Religion und Eros, München 1966

Tomatis, Alfred: Der Klang des Lebens, Hamburg 1987

Ungnad, Arthur: Religion der Babylonier und Assyrer, Düsseldorf 1921

Urkunden zur Religion des Alten Ägypten, Hrsg. Günther Roeder, Düsseldorf, Köln 1978

Weis, Adolf: Die Madonna Platytera, Königstein im Taunus 1985

Wolf, Ursula: Mein Name ist Ich lebe, München 1979

Wolkstein, Diane, und Kramer, Samuel Noah: Inanna. Queen of Heaven and Earth, New York 1983

Woodman, Marion: Heilung und Erfüllung durch die Große Mutter, Interlaken 1987

– Leben aus der Kraft der Göttin, Interlaken 1988

Wörterbuch der Mythologie, I–II. Hrsg. H. Haussig, 1965, 1973

Urbilder der kristallinen Materie

Zum Foto auf dem Umschlag von Manfred P. Kage

W issenschaftlich ausgedrückt, handelt es sich bei diesen Bildern um willkürlich gesteuerte Kristallisationen natürlicher und synthetischer Stoffe, die zwischen zwei Glasplatten durch Temperatureinfluß aus der Schmelze rekristallisiert oder durch Verdunstung des Lösungsmittels kristallisiert wurden. Diese Kristallpräparate werden in einem Kameramikroskop mit Hilfe von polarisiertem Licht und einem von Kage entwickelten Spezialkompensator, dem Polychromator, fotografiert.

Der Polychromator ist eine Art optischer Synthesizer oder besser ein „optisches Musikinstrument", mit dem Kaskaden von Klangfarben in einerseits gesetzmäßiger, andererseits beliebiger Folge von Farbklängen gestaltet werden können. So lassen sich beispielsweise von einem Gesteinsdünnschliff, einer hauchdünnen Schicht von kristallisiertem Schwefel oder von Sphäritgefügen des Triphenylmethans eine unerschöpfliche Fülle von permutierenden Farbvariationen erzeugen. Was steckt nun aber dahinter?

Die Aggregatzustände der festen Kristalle, der kristallinen und amorphen Flüssigkeiten sowie der gasförmigen Stoffe entsprechen den Tamas, Rayas und Satvas der indischen Sankhja-Philosophie, welche die statischen Niveaus der Verwandlungen und

Seinszustände bezeichnen. Die europäische Analogie dazu wären Physis, Bios, Psyche und Pneuma, denen auf der materiellen Seite die Zustände fest, kristallin-flüssig (mesomorph), flüssig und gasförmig entsprechen.

Wer sich mit der Entstehung der Planeten beschäftigt, kennt die immense Bedeutung der Kristallisations- und Erstarrungsvorgänge in der Planetenoberfläche, die Gesteins- und Gebirgsschichten hervorbringen. Die Kristallbildung ist das Urmodell der Festkörperanteile aller Lebewesen; Kristallgitter finden sich in der Zellulose und damit im Holz, in den Kieselskeletten der Radolarien und Diatomeen, in den Schalen und Panzern der Korallen, Muscheln und Seeigel sowie in den Kalkgefügen des Knochenbaus der Säugetiere.

Durch chemische oder alchimistische Verwandlungen des Stoffes lassen sich neue Kristallformen erzeugen; künstlerische Empfindung und der unerschöpfliche Formenreichtum der Natur treten miteinander in Kommunikation.

Ein optisches Kaleidoskop mit zwei Präzisionsspiegeln ermöglicht zusätzlich die Symmetrierung der kristallinen Bildwerke zu Mandalas, den Urbildern der Seele. Die suggestive Zentrierung, die das Auge zur Mitte lenkt, eröffnet einen Blick in den imaginären, mythischen Raum, in welchem die Strukturen der Materie und der Psyche nicht voneinander zu unterscheiden sind.

Jutta Voss
Das Schwarzmond-Tabu
Die kulturelle Bedeutung des
weiblichen Zyklus
304 Seiten, gebunden · ISBN 3-7831-0944-2

Über der Menstruation liegt bis heute ein gesellschaftliches Tabu, das sich in Medizin, Psychothera-
pie, Religionswissenschaft und Theologie auswirkt.
In ihrer breit angelegten Studie über die Bedeutung
des weiblichen Zyklus in matriarchalen Kulturen
belegt die Autorin, daß ursprünglich Heiliges zum
Verfluchten wurde. Symbol dafür ist die einst als
heilig verehrte Wildsau.

Olga Rinne
Medea
Das Recht auf Zorn und Eifersucht
Buchreihe „Zauber der Mythen"
148 Seiten, gebunden · ISBN 3-268-00067-3

Seit dem Drama des Euripides gilt Medea, die aus
Eifersucht sogar ihre eigenen Kinder tötet, als Nega-
tivbild der Frau. Der Beziehungskonflikt zwischen
Medea und ihrem Mann Jason, der sie wegen einer
jüngeren Frau verläßt, ist gleichwohl seit den Tagen
der Griechen ein immer neues und schmerzhaftes
Drama, das zu Lasten der Frau ausgeht und sie ent-
wertet.

Kreuz Verlag